AF298762

COLLECTION DES CLASSIQUES POPULAIRES

# DÉMOSTHÈNE

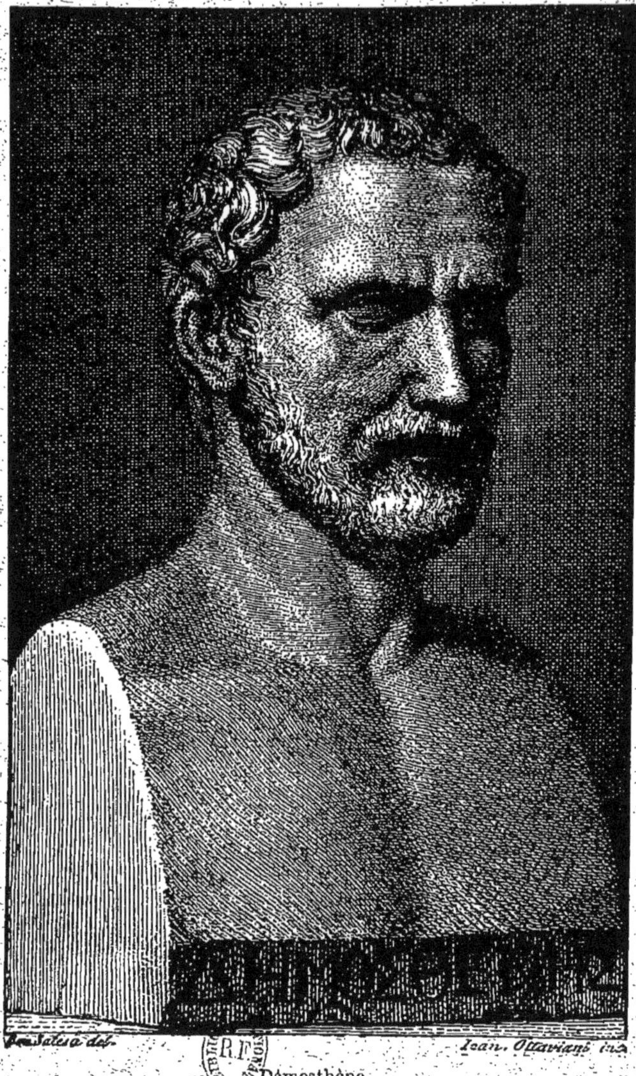

Démosthène.

(Reproduction de la Bibliothèque nationale.)

# DÉMOSTHÈNE

PAR

## H. OUVRÉ

AGRÉGÉ DES LETTRES
MAÎTRE DE CONFÉRENCES DE LITTÉRATURE GRECQUE
A LA FACULTÉ DES LETTRES DE BORDEAUX.

Un volume orné de plusieurs portraits et reproductions.

PARIS

H. LECÈNE ET H. OUDIN, ÉDITEURS

17, RUE BONAPARTE, 17

1890

# DÉMOSTHÈNE

## CHAPITRE PREMIER.

### ATHÈNES AU IVᵉ SIÈCLE.

La démocratie athénienne devient maîtresse d'elle-même à la fin du sixième siècle ; au milieu du quatrième, elle tombe sous les coups de la Macédoine. Rarement peuple eut une vie mieux remplie, mais plus courte. La gloire d'Athènes est impérissable et universelle ; Athènes elle-même n'a occupé qu'un point dans le temps comme dans l'espace.

Malgré tant de qualités brillantes, les Grecs ne montrèrent jamais cette vue nette des choses, cette ténacité, qui d'une petite bourgade du Latium ont fait sortir l'immense empire romain. Un grand amour du plaisir, un mélange de passion et d'insouciance, plus d'ardeur à créer que de soin à conserver, plus de goût pour l'esprit et le rai-

sonnement que pour la froide raison, tels sont,
avec des nuances diverses, les principaux traits
du caractère hellénique. Aussi, jusqu'à sa dernière
heure, la Grèce est-elle restée un chaos de nations
jalouses, et désireuses de vivre chacune à part et
en pleine liberté. Toutes ont eu le même idéal politique : un territoire restreint, une ville à peu
près fermée, ramassant un petit nombre de citoyens à l'ombre de son acropole, et entourée
d'une ceinture de peuples tributaires : leur patriotisme ne s'étendait guère au delà de leurs
murailles.

Athènes pourtant sut comprendre, au jour de
l'invasion des Perses, les devoirs qu'une origine
commune imposait à tous les Grecs. Elle les oublia bien vite, exploita ses alliés au lieu d'en faire
ses auxiliaires, et accrut sa puissance sans l'élargir. Sa vivacité impérieuse se refusait aux longs
efforts et aux calculs profonds ; et son orgueil,
qui est un trait de race, n'admettait pas qu'on pût
rien partager avec elle.

Un tel rôle, pour être soutenu, exigeait une continuelle et infatigable activité. En outre, la constitution mettait chacun sur la brèche. Personne n'a
eu plus de droits qu'un Athénien du cinquième

siècle, mais aussi plus de devoirs. Il prend tour
à tour l'épée de l'hoplite, la rame du marin, le
bulletin de l'électeur et du juge. La cité tout entière est un camp, un sénat, un tribunal, un tribunal surtout, car jamais ville ne fut plus fertile en
procès. Athènes possède, comme un État moderne,
un pouvoir exécutif, les *Stratèges*, une cour de
justice, l'*Aréopage*, et une sorte de chambre des
députés, le conseil des *Cinq-Cents*. Mais c'est
toujours pour elle-même qu'elle garde la meilleure part d'autorité. Réunie en assemblée plé-
nière, elle nomme les généraux et les ambassadeurs, décrète les levées de troupes, fait la paix
ou la guerre. Six mille citoyens, les *Héliastes*,
jugent presque tous les procès ; le ministère
public est abandonné au bon vouloir ou au caprice de quiconque désire l'exercer. Les contribuables, et il faut entendre par là les plus riches
propriétaires, sont de véritables magistrats :
*Chorèges*, ils mettent sur pied et organisent des
chœurs pour les fêtes et les représentations théâtrales ; *Triérarques*, ils équipent une galère. Le
fardeau leur semble-t-il trop lourd, ils s'en dé-
chargent sur un citoyen plus aisé, et coupent
court à ses réclamations en lui offrant l'*Antidose*,

1*

c'est-à-dire l'échange des fortunes. Dans cette ville qui abhorre par-dessus tout la tyrannie des hommes, mais qui s'abandonne sans regret à celle des lois, les rigueurs du droit, les exigences d'une opinion inquiète et jalouse, les honneurs et les immunités qui surexcitent l'émulation, tout dit à l'Athénien : « Marche pour la patrie, donne à la patrie. » Athènes comprend que, du jour où se refroidira l'ardeur commune, c'en sera fait de sa grandeur et peut-être de son existence.

Assez longtemps, elle fut à la hauteur de sa tâche ; mais la lassitude finit par la prendre. Il est à remarquer que de bonne heure elle s'ouvrit aux étrangers. Subalternes d'abord sous le nom de *Métèques*, ils s'insinuaient peu à peu dans la plénitude des droits politiques. Isocrate dira, non sans exagération, qu'il n'y a plus d'Athéniens à Athènes. Ces nouveaux venus contribuèrent à accroître le relâchement qui s'introduisait dans les mœurs et s'affichait sans scrupule. On applaudissait le Dicéopolis d'Aristophane, mettant au-dessus de tout le talent de bien vivre, bafouant la gloire et les émotions du champ de bataille, et faisant impudemment l'apothéose du plaisir le plus grossier.

L'orgueil du succès avait retenu les Athéniens
sur la pente qu'ils commençaient à descendre ;
mais coup sur coup tombèrent sur eux l'expédition de Sicile et les victoires de Lysandre. Décou-
ragés, ils s'abandonnèrent de plus en plus à cette
vie toute de distraction et de mouvement, où l'esprit, l'imagination et les arts donnaient chaque
jour de nouveaux spectacles. On allait écouter les
orateurs sur le *Pnyx*, mais on préférait la vieille
place du marché, *l'Agora*. A l'ombre des beaux
platanes plantés par Cimon, devant les petites
boutiques où s'entassaient comme dans un bazar
d'Orient les trésors de l'Asie et de l'Egypte,
riches marchands, jeunes nobles, petits ouvriers
d'Athènes, tous se mêlaient avec cette familiarité
libre dont ne s'est jamais déshabituée la Grèce.
On n'avait maintenant que trop de loisirs. Trois
oboles données à chaque citoyen pour sa présence
à l'assemblée, le produit d'un champ ou d'un mo-
deste atelier de deux ou trois esclaves, suffisaient
à payer les olives et le poisson qui contentaient
la sobriété athénienne. Le Grec ressemble aux
cigales du *Phèdre*, vivant d'une goutte de rosée, et
chantant jusqu'à leur mort dans le feuillage des
sycomores.

Aristophane et Platon nous rendent l'écho de ces conversations charmantes de *l'Agora*, prolongées à l'infini sous le plus beau ciel, raisonnant sur tout, effleurant tout, art, politique, littérature, scandales du jour. Disserter, définir, jouer de sa parole et de son esprit comme d'un instrument merveilleux, fut le plaisir suprême d'Athènes vieillissante. Elle en avait d'autres ; mais ce peuple de délicats ignora toujours les brutalités de la corruption romaine ; et dans ses jours d'ivresse, il but surtout à la coupe des beaux discours et des subtilités captieuses.

Breuvage exquis, mais dangereux : à trop discuter, l'on doute ; et le doute est l'ennemi mortel de l'action. Pourtant le remède aurait pu sortir du mal. Socrate, causeur admirable et incomparable logicien, venait d'arracher au scepticisme des Sophistes les principes de la morale, et de jeter contre eux les fondements d'un rempart que Platon, son élève, acheva, non sans l'embellir. Ces grands hommes sont l'honneur d'Athènes ; mais, loin de la régénérer, ils ont précipité sa ruine, en détournant de la vie publique beaucoup d'esprits distingués. Socrate semble avoir dédaigné la richesse, la puissance et tous les biens terres-

tres que les hommes d'Etat recherchent pour
leur patrie. Platon est allé plus loin, faisant le
procès des Thémistocle, des Cimon, des Périclès,
et comparant l'empire d'Athènes à une tumeur
pleine de corruption. Cet utopiste de génie, fana-
tique d'ordre et de sagesse, ne peut que mépriser
une république mobile et bruyante où les cor-
royeurs, les foulons et les marins priment les philosophes. Son idéal n'est point en Attique, mais à
Sparte, en Egypte plutôt, et surtout dans ces nuages
brillants où son imagination construit la théocratie
mystique et socialiste qui est la cité de ses rêves.

Ces conceptions si peu pratiques, Platon n'essaie même pas de les réaliser, et reste à l'écart,
impuissant et recueilli en lui-même. Son exemple n'est que trop suivi. Les États démocratiques,
dans tous les siècles, souffrent d'un mal commun : beaucoup de citoyens, et ce ne sont pas
les pires, s'excluent eux-mêmes du gouvernement,
parce qu'il n'est pas de leur choix, et se vengent
de ses excès par une critique amère, mais souvent négative. Ainsi en allait-il à Athènes : les
aristocrates vaincus rendaient au peuple en
dédain ce qu'ils recevaient en indifférence ; les
riches, qui ne pouvaient éviter les petites gens

sur le Pnyx, et qui du reste n'y songeaient guère, ne leur cachaient pas leur mépris ; et des hommes bien intentionnés se bornaient à gémir sur les malheurs publics, sans y porter remède. On connaît Phocion, digne d'être l'auxiliaire de Démosthène, et qui fut son plus constant ennemi. Honnête autant que bon général, il aurait peut-être pu sauver Athènes, et il a fait vaillamment son devoir, mais à contre-cœur, avec un dévouement morose. « Quand donc cesserons-nous de vaincre ? » disait-il après un succès ; incapable de comprendre que, pour agir sur son pays, il faut l'aimer, il faut y croire, en un mot être patriote.

La république en était réduite à employer des intrigants. Déjà le héros des guerres Médiques, Thémistocle, ressemblait beaucoup plus à Ulysse qu'à Achille. Que dire des *Sycophantes* du quatrième siècle ? Quand Philippe viendra, l'or à la main, il trouvera la Grèce mûre pour la corruption, ou plutôt déjà corrompue.

Par malheur, ceux qui avaient l'idée d'une politique sérieuse ne se recommandaient pas par le talent. Les grands esprits s'étant tournés vers la philosophie et la littérature, la place d'Aristide et de Périclès était occupée par des médiocrités comme Callistrate et Aristophon. Eubule, leur successeur, plus intelligent et plus adroit, fit sa fortune avec la ruine de la patrie. Un malheur national le porta au pouvoir. Athènes, quoique diminuée par la guerre du Péloponèse, avait pu reconquérir un assez vaste empire maritime. En 357, ses sujets firent défection et la contraignirent, deux ans après, à reconnaître leur indépendance. Sous le coup de cette catastrophe, le peuple demanda qu'à l'avenir on lui épargnât des efforts sans résultat : Eubule fut comme le ministre du découragement public. Bon orateur et financier capable, il appliqua son talent à flatter les Athéniens et son habileté à les satisfaire, ne voyant dans l'État qu'une maison de commerce, où on doit réduire les dépenses et songer avant tout aux bénéfices. Il eut pour complice la république tout entière. Nommé grand trésorier, son administration prudente rassura les riches; et ceux qui n'avaient rien se gardaient de l'attaquer, car les économies réalisées leur revenaient en distributions d'argent et en représentations théâtrales. Le peuple était le parasite de l'Etat; et suivant le mot d'un historien du temps, Athènes devenait plus molle que Tarente.

Depuis le commencement du quatrième siècle et les changements dans la tactique apportés par Iphicrate, elle n'avait plus, à proprement parler, d'armée nationale. Les citoyens aisés ne se souciaient guère d'affronter les fatigues et les périls d'une campagne ; et s'ils se prêtaient encore au service militaire, ils refusaient de quitter la ville. Force était, dans ce cas, de s'adresser aux pauvres, qu'attirait l'appât du butin, et surtout à des aventuriers, gens de sac et de corde pour la plupart, chassés de leur pays pour quelque méfait ou exilés par la politique. La république louait leurs bras, et achetait du courage quand elle en avait besoin, courage banal, indifférent, et qu'on ne pouvait s'attacher que par une solde régulière. Mais l'argent manquait souvent. Grâce à Eubule, Athènes n'en trouvait que pour se divertir. Sur sa motion, les excédents réservés jadis au budget de la guerre alimentaient le *Théorique* ou caisse des fêtes. Proposer un impôt extraordinaire, c'était soulever la colère des riches. Les *triérarques* s'acquittaient mollement de leur tâche, et s'entendaient avec des entrepreneurs pour satisfaire ou pour duper l'Etat. Cette ville, qui jadis avait tant demandé à ses citoyens, et tant obtenu

d'eux, se contentait maintenant d'une vaine présence aux assemblées, d'un semblant de service
militaire, et de contributions payées à contre-cœur.

Aucune puissance pourtant ne paraissait capable de la menacer. L'expédition des Dix mille avait
déchiré le voile qui cachait la faiblesse de l'empire Perse. Les batailles de Leuctres et de Manti-
née venaient d'épuiser les vainqueurs et les vaincus, Thébains et Spartiates. La scène de l'histoire
était vide lorsqu'on y vit surgir un nouvel acteur.

Au nord de la Grèce et sur ses frontières, la
Macédoine avait grandi silencieusement et dans
l'ombre. Climat froid, pays montagneux, pauvre
et inculte, population énergique et barbare : dans
certaines tribus, pour être honoré il fallait avoir
tué un ennemi. Les chefs exerçaient une autorité patriarcale et absolue; beaucoup servaient
comme domestiques ou pages auprès du roi, et
tempéraient son pouvoir par la menace d'un assas-
sinat toujours suspendu sur sa tête. De tels hommes sont dangereux par eux-mêmes et aussi pour
les autres. L'histoire de Macédoine commence
par des meurtres et des trahisons. Les rois se conduisent en bandits, lettrés parfois, cruels toujours. Les héritiers du trône massacrent leurs

concurrents ou sont tués par eux : c'est merveille
que Philippe et Alexandre aient pu naître. Mais
une nation qui triomphe de telles épreuves est
trempée pour la lutte. Qu'elle ait un vrai souverain, rien ne l'arrêtera. Longtemps la Macédoine
attendit ; mais au commencement du quatrième
siècle, cette Prusse de l'antiquité trouva son Fré-
déric II.

Alexandre a nui à son père. Alexandre est un
demi-dieu ; Philippe n'est qu'un homme, mais
nullement indigne de son fils, et peut-être plus
complet que lui. Très beau, très séduisant, bon
capitaine et diplomate habile, il joignait à tous ces
dons une volonté ferme et souple, qui, sans se
heurter contre les obstacles, savait toujours en
avoir raison. La passion ne l'emportait pas, la
morale ne le gênait guère. Il avait la perfidie pa-
tiente du Barbare, et savait attendre sans oublier.
L'Hellade acheva d'armer son adversaire. Envoyé
tout jeune comme otage dans la ville de Thèbes
qui était alors une école de tactique, Philippe y
étudia la légion d'Epaminondas, premier modéle
de sa phalange. De plus, à fréquenter les Grecs,
il gagna cette connaissance parfaite de leur caractère et de leur langue qui plus tard lui servit à

Un Athénien (d'après un vase peint).

Guerrier Macédonien (d'après la mosaïque de Pompéi).

les charmer et à les vaincre. La supériorité de son
esprit et de sa culture eut bientôt raison de
ses compétiteurs de Macédoine. Dès le début, il
sut ce qu'il voulait faire : civiliser et conquérir,
jeter un métal riche et nouveau dans le vieux
moule hellénique, allier en son peuple comme
en lui-même les qualités de deux races, devenir
Grec pour dompter les Barbares, rester Barbare
pour dominer les Grecs.

Il créa une armée, et ce fut peut-être son chef-
d'œuvre. On a tout dit sur la phalange, ce carré
de seize mille hommes, inébranlable comme un
roc, irrésistible comme une avalanche. Autour
d'elle, Philippe groupa des corps auxiliaires, des
éclaireurs, et surtout une cavalerie puissante,
chose presque nouvelle pour les Grecs, habitués
aux défilés et aux pentes de leurs montagnes. Les
machines de guerre furent perfectionnées, les
soldats pliés à la discipline et rompus à la fatigue
par des marches forcées. Un état-major d'officiers
instruits, pépinière de diplomates, d'administrateurs, avant que la fortune en fît des rois, com-
pléta cet ensemble merveilleusement organisé, ce
corps toujours prêt à agir, car on avait soin de le
tenir constamment en haleine. La Grèce n'avait

connu jusque-là que les milices nationales et les
bandes de mercenaires ; pour la première fois elle
voyait une armée permanente. On a dit avec raison
qu'à la guerre tout grand succès tient à quelque
perfectionnement de l'art militaire. Philippe, déve-
loppant la tactique d'Iphicrate et d'Epaminondas,
allait disposer d'une force terrible pour le temps ;
et on comprend les victoires foudroyantes de ces
soldats qui balayèrent tout le monde oriental, de
l'Illyrie à l'Indus.

Le sol de la Macédoine semblait offrir peu de
ressources. Mais de belles forêts voisines du
golfe Thermaïque fournissaient le bois nécessaire
à la construction d'une flotte. Un peu plus loin
s'étendaient les riches districts miniers de la
Thrace. Athènes avait inutilement tenté de s'y
établir ; plus heureux, Philippe entra de plain-
pied et comme en voisin dans ce pays de l'or, qui,
bien exploité, lui donna chaque année près de
six millions. Assez puissant pour vaincre ses
adversaires, il fut dès lors assez riche pour les
acheter.

Il eut en même temps l'adresse de les diviser
et de les séduire. C'est la gloire de la Grèce que
la force brutale n'ait jamais rien pu sur elle.

Avec ses hordes innombrables marchant sous le
fouet, son faste grossier et son langage insolent,
le roi de Perse est venu échouer sur le rocher de
Salamine : le Macédonien profita de la leçon. Il
y a plaisir à le voir ourdir le réseau qu'il jettera
sur sa proie ; travaillant patiemment sous terre,
tandis que ses ennemis s'agitent au grand jour.
Du commencement à la fin, avec un soin infini, il
ménagera l'opinion. Quand il entrera en Grèce,
ce sera pour défendre les droits d'Apollon et
protéger les opprimés. Toujours, et à la veille
même de Chéronée, il protestera de son amour
pour la paix. Mais déjà il se révèle tout entier
dans son attaque sur Amphipolis. Cette ville
qu'il convoite, les Athéniens la défendront peut-
être, car ils se croient des droits sur elle. Pour
les en écarter, il la leur offre, jure qu'il leur
abandonnera sa conquête, entre dans la place, et
la garde.

Les hostilités commencèrent presque aussitôt.
Les Macédoniens devaient triompher, mais après
une guerre de vingt ans. Même au quatrième
siècle, la république athénienne n'était pas un
adversaire à dédaigner ; et elle pouvait peser d'un
grand poids dans la balance. Ni les hommes, ni

l'argent ne lui manquaient. Les citoyens étaient plus nombreux qu'à l'époque de Périclès; et malgré la défection des villes tributaires, le mouvement du commerce et l'administration prudente d'Eubule avaient ramené la richesse dans les comptoirs et les entrepôts du Pirée. Si les Athéniens ont perdu leur indépendance, c'est qu'ils n'ont pas su la défendre. Et pourtant, comme ils la chérissaient ! Le sentiment le plus vivace de l'âme hellénique est peut-être un patriotisme ardent, fait d'amour-propre et de mépris pour le Barbare. Aujourd'hui encore, à peine échappé à vingt siècles de servitude, ce petit peuple se croit appelé aux destinées les plus hautes, et entretient ses espérances en évoquant les noms de Marathon et de Salamine, usés pour nous, vivants pour lui. Qu'était-ce donc moins de cent ans après les guerres Médiques ? Ces noms jetés à la tribune soulevaient des acclamations enthousiastes. Par malheur, chacun ensuite retournait à ses affaires ou à ses plaisirs, content d'avoir envoyé contre Philippe, le plus souvent trop tard, une poignée de mercenaires. Il fallait l'aiguillon d'un danger immédiat pour décider les Athéniens à un effort énergique ; mais cet effort, ils étaient capables de le tenter, et de se ressaisir eux-mêmes si on savait les y contraindre. Démosthène s'est donné la tâche ingrate et périlleuse de les éclairer, de les réveiller, et finalement de les entraîner d'un mouvement généreux sur le champ de bataille. Pendant quinze ans on le voit secouer sans relâche l'indifférence de ses concitoyens, raffermir leur courage, et lutter contre les ennemis du dehors, les traîtres et les lâches du dedans. Sa vie n'a été qu'un combat; et ce combat, c'est toute son éloquence.

# CHAPITRE II.



Démosthène était-il vraiment un Athénien ? Eschine affecte de ne voir en lui qu'un Barbare, un Scythe, emporté, brutal et méchant. Le défenseur de la Grèce avait en effet du sang étranger dans les veines ; et c'est là peut-être qu'il faut chercher le secret de son extraordinaire énergie.

Gylon, son grand-père, frappé injustement par les tribunaux d'Athènes, alla, vers la fin du cinquième siècle, tenter la fortune dans le royaume du Bosphore, où il s'enrichit et se maria. Comme sa ville natale lui tenait au cœur, il y revint malgré sa condamnation, et unit ses deux filles à des citoyens considérés. L'une d'elles, Cléobule, épousa un fabricant de meubles et d'armes nommé Démosthène : ce fut la mère du grand orateur.

L'enfant, qui semblait destiné à une vie heureuse, passa tout jeune par la rude école de l'adversité. Il avait sept ans quand son père tomba malade et sentit approcher sa fin. L'avoir de la famille, grossi par un travail intelligent et assidu, s'élevait alors à la somme considérable de quatorze talents (quatre-vingt mille francs environ). Mais à Athènes les intrigants étaient nombreux, la justice lente, et les faibles fort exposés. Le mourant, qui le savait mieux que personne, fit tous ses efforts pour assurer l'avenir de ses enfants ; et ne pouvant compter sur Cléobule, car dans le droit hellénique la femme était toujours mineure, il choisit parmi ses amis et ses parents trois tuteurs : Aphobos, Démophon et Thérippide, qu'il essaya d'enchaîner par la reconnaissance. Tous furent inscrits sur le testament pour des sommes importantes ; et suivant une coutume alors assez répandue, deux d'entre eux reçurent comme un legs la femme et la fille du mort, avec recommandation de les épouser.

Précautions inutiles : en dépit de leurs promesses et malgré la loi, les tuteurs consommèrent bien vite à leur profit la ruine de ceux qu'ils devaient protéger. Un fait de ce genre attirerait chez nous l'attention de la justice. A Athènes, les archontes, jadis tout-puissants, avaient conservé, après le triomphe de la démocratie, un pouvoir administratif et judiciaire, et *l'Eponyme*, chef du collège, était chargé de veiller à la défense des orphelins. Mais il s'acquittait mal de sa tâche, laissant à l'initiative privée le soin de découvrir et de poursuivre les coupables. Et qui songeait à s'attirer la haine d'hommes riches et bien établis comme Aphobos et ses complices?

Malgré ce pillage de sa fortune, Démosthène reçut une bonne éducation ; il s'en vantera dans le *Plaidoyer pour la couronne*. Presque tous les Athéniens, du reste, savaient lire et écrire, et avaient appris par cœur quelques sentences tirées des vieux poètes. A côté de cette instruction esthétique et morale, figurait la gymnastique ; car la Grèce, amoureuse des belles formes, honorait, presque à l'égal d'un écrivain célèbre, un athlète victorieux. Pourtant, dès le quatrième siècle, les exercices du corps avaient perdu de leur importance ; et Cléobule, en mère plus tendre que sage, craignit pour la débile constitution de son fils les fatigues de la palestre. Aussi Démosthène vécut-il un peu à l'écart, sans se mêler aux luttes et aux jeux de ses camarades qui raillaient sa physionomie grave, son apparence maladive et sa prononciation embarrassée.

A dix-huit ans, la loi athénienne en faisait un homme ; il recueillit les débris de son patrimoine, et les consacra à compléter son éducation. La philosophie platonicienne, alors dans tout son éclat, ne le laissa pas indifférent : certaines idées généreuses de ses harangues semblent venir en droite ligne de l'*Académie* (1). Mais les spéculations métaphysiques ne pouvaient suffire à cet esprit viril et pratique : les orateurs lui fournirent l'aliment qu'il réclamait. L'éloquence, sortie d'abord spontanément du génie grec, était devenue, depuis un siècle environ, un art très étudié, qui avait ses préceptes et ses modèles : Protagoras, Prodicus et Gorgias, pour la théorie ; Périclès, Antiphon et Lysias, pour la pratique. L'adolescent maladif et sombre ne prévit pas sans doute la gloire immense qui l'attendait dans cette carrière : il y chercha surtout un moyen de reconstituer son patrimoine, de punir ses spoliateurs, et se mit à l'œuvre avec la ténacité résolue qui faisait le fond de son caractère.

La vogue était alors à Isocrate, dont l'école, suivant le mot de Cicéron, *a porté dans ses flancs,*

(1) L'Académie était un jardin où enseignait Platon, et qui donna son nom à l'école platonicienne.

*comme le cheval de Troie, tous les héros de la tribune.*
Ce professeur illustre, écrivain délicat et timide,
limait à loisir ses discours loin des orages du *Pnyx*.
A ses grâces fleuries et un peu molles, Démosthène préféra la vivacité nerveuse d'un orateur
bien moins connu, le *logographe* Isée.

Chez nous, Isée aurait été un avocat; mais la
loi grecque n'admettait pas en principe qu'on pût
porter la parole pour un étranger. Les paysans et
les petits bourgeois défendaient donc eux-mêmes
leurs intérêts; et l'aisance et la souplesse ne leur
manquaient pas. Mais, du jour où quelques-uns
des plaideurs, formés à l'école des Sophistes,
apportèrent dans la lutte une tactique plus savante,
il fallut venir en aide à leurs adversaires, et on
tourna la loi par un subterfuge. Au quatrième
siècle, comme au cinquième, le marin du Pirée ou
le laboureur de Marathon arrivait seul devant le
tribunal, s'excusait timidement sur son inexpé-
rience, et exposait son affaire avec la simplicité
d'un homme qui n'entend rien à la chicane. Mais
son discours, appris mot à mot, était l'œuvre
d'un jurisconsulte connu, ou, pour parler comme
les Grecs, d'un *logographe*. Bien qu'on le sût, la
vieille interdiction restait en vigueur, et les juges

exigeaient même que le plaidoyer se conformât au tour d'esprit et aux habitudes de celui qui le prononçait. Sparte, qui fut toujours un camp, encourageait la maraude; Athènes excusait avec un sourire une ruse adroite dont elle n'était pas dupe.

Démosthène aurait pu demander un discours à Isée; il aima mieux ne se fier qu'à lui-même. Son maître le rompit à tous les exercices de la gymnastique oratoire : développements, discussions, procès fictifs; et il lui ouvrit l'arsenal des formules, des textes, des discours, et de ces lieux communs que les orateurs s'empruntaient ainsi qu'une arme éprouvée par l'usage. Ces études étaient austères, et les jeunes Athéniens recherchaient alors d'autres passe-temps. Mais Démosthène n'eut pas de jeunesse. Il ne connut ni les chasses au sanglier, ni les longs festins; et il mit cette grande ardeur qui était en lui à travailler sous la direction d'Isée. C'est à lui qu'il doit la précision de ses connaissances juridiques, et son adresse à user de toutes les ressources de l'art oratoire; et c'est probablement aussi pendant sa laborieuse adolescence qu'il apprit, dans la lecture assidue de Thucydide, à pénétrer le caractère d'Athènes et les causes de sa grandeur.

Isocrate, d'après Visconti (iconographie grecque).

Après deux ans, Démosthène se crut mûr pour la lutte, et poursuivit ses tuteurs devant les tribunaux. Aphobos fut le premier appelé en justice. Sa fortune, ses relations le rendaient redoutable; le testament n'existait plus, et en outre, l'accusateur, s'il échouait, devait payer une assez forte amende, l'*Epobélie*. Mais l'orphelin compta sur la pitié due à sa faiblesse, sur la conscience de son bon droit et un talent oratoire déjà presque égal à celui d'Isée.

Les deux discours qu'il prononça existent encore; et on est curieux d'y voir les premiers essais de cette éloquence qui plus tard bouleversera la Grèce. Le disciple s'inspire encore beaucoup du maître; néanmoins son empreinte personnelle paraît déjà, avec un certain cachet de vigueur et d'autorité. Il cherche surtout à raisonner nettement, et à prévenir toutes les objections. Son indignation s'est contenue dans tout le discours, mais dans la péroraison, elle éclate.

Vous voyez tout le mal que m'ont fait ces hommes. Ils n'ont eu ni pudeur, ni crainte, ni pitié de ma sœur, qui ne pourra plus trouver d'établissement convenable, elle à qui mon père voulait laisser deux talents. Comme si l'on nous avait confiés, non à des parents mais à des ennemis acharnés, ils n'ont tenu aucun compte des liens du sang. Et moi, le plus malheureux de tous, je ne sais que devenir. Comment marier ma sœur ? Et comment vivre avec ce qui me restera ? L'Etat arrive là-dessus et me réclame des contributions. C'est justice ; mon père m'a laissé assez de fortune pour y suffire. Mais ces gens-là me l'ont prise tout entière. Et maintenant, m'efforçant de la recouvrer, je m'expose au plus grand péril. Car, si Aphobos m'échappe, ce qu'à Dieu ne plaise, je devrai cent mines d'épobélie ; et lui, s'il est condamné, il paiera une somme à régler par estimation qu'il prendra sur mon patrimoine (1).

Dans le second plaidoyer, Démosthène montre sa mère qui l'attend chez lui, pleine d'anxiété et d'espérance. Pour gagner la sympathie de ces juges qui passeront demain du tribunal à l'assemblée, il leur promet, s'ils le font riche, de contribuer largement aux dépenses de l'Etat, et comme par une sorte de prophétie : « Vous ne savez pas quels services je pourrai vous rendre, mais vous devez croire que je ne serai pas au-dessous de mon père. »

Le tuteur infidèle fut condamné à restituer ; mais, pour éluder la sentence, il prétendit avoir engagé toute sa fortune entre les mains de son

______

(1) Les passages cités sont empruntés en général aux traductions de MM. Plougoulm, Dareste et Stiévenart ; j'ai cru cependant devoir y introduire quelques modifications.

beau-frère. Démosthène allant poser, suivant la procédure athénienne, une borne hypothécaire sur la propriété d'Aphobos, fut traité de haut par ce nouvel adversaire. Un second arrêt du tribunal déjoua cette manœuvre ; et Démophon, ainsi que Thérippide, effrayés, entrèrent en composition avec Démosthène. Ces compromis furent loin de lui rendre sa fortune passée, mais il avait infligé à ses ennemis une condamnation publique. C'est bien là l'image de sa vie. A travers mille difficultés il poursuivra son but, et mourra sans l'atteindre, mais en obtenant l'approbation des honnêtes gens et un nom impérissable dans l'histoire.

Encouragé par ce premier succès, il se fit *logographe*. La profession était lucrative, et bientôt on le compta parmi les propriétaires aisés. Mais à vendre des discours, à former des élèves, il gagna plus de richesse que de considération. Le peuple, d'ordinaire, a pour les gens de robe une aversion mêlée de crainte ; et bien que dans Athènes tout citoyen pût devenir un juge, le nom de *logographe* y était presque une injure. Arrivé au pouvoir, Démosthène subira le sort des hommes politiques ; on fouillera dans son passé pour le lui jeter à la face : « Ce personnage austère était jadis, dira-t-on, un avocat des plus souples, et dans la même affaire il a plaidé le pour et le contre, vendant, en vrai fils d'armurier, aux deux adversaires des poignards sortis du même magasin. » Un sarcasme n'est pas une preuve, et rien ne nous empêche de supposer que Démosthène fût un *logographe* honnête ; mais ce fut un *logographe*, rompu à toutes les ruses du métier, et qui bien souvent, à la tribune, se souvint du barreau. Ne voir en lui qu'un orateur, c'est s'exposer à le mal comprendre. Ainsi que plusieurs de ses contemporains, même devenu conseiller du peuple, il ne cessa pas d'avoir des clients et de plaider, bien qu'il s'en défendît. Jusque dans ce genre secondaire il ne le cède à personne. Son *discours contre Conon* est un chef-d'œuvre de véhémence, de naturel et de couleur. On y retrouve plutôt la vivacité d'Isée l'impétueux que la touche légère de Lysias, avec un souffle et une vigueur qui n'appartiennent qu'à Démosthène.

L'arène judiciaire était trop étroite pour un tel lutteur ; la vie publique lui en ouvrit une autre plus vaste et presque sans limite. Fénelon l'a dit : *En Grèce, tout dépendait du peuple et le peuple dépendait*

*de la parole*. Les stratèges, les archontes, les séna-
teurs n'ayant qu'une délégation restreinte,
partagée avec tous les membres de leur collège,
les magistrats d'Athènes, en fait, étaient les orateurs. L'importance de leur rôle tenait à cet esprit
jaloux qui n'a jamais pu supporter que des
administrateurs sans mandat. Le vrai souverain
s'abandonnait sans réserve, sûr de se reprendre
quand il le voudrait.

Cette dictature de la persuasion était fort oné-
reuse. Pour gagner la faveur d'un peuple pauvre
et toujours avide de réjouissances, il fallait lui
offrir des dons volontaires, et briguer les charges
si lourdes de triérarque et de chorège. Eubule
avait eu l'adresse de s'en tirer aux dépens de la
caisse publique. Plus scrupuleux, Hypéride, et
Démosthène seront contraints de faire comme
leurs contemporains, et de battre monnaie avec
leur talent. Aussi tous les orateurs se renvoient-
ils à l'envi le nom de vendus, ou, pour parler
comme eux, de *mercenaires*.

Ils ne s'en tenaient pas là : les procès politiques sont dans Athènes un rouage essentiel de la
constitution, et comme la garantie de la responsabilité. Quiconque détient une part d'autorité est

en butte à d'incessantes attaques. Trahison, corruption, incapacité, impiété, outrage aux mœurs,
tout est contre lui matière à poursuites. La redoutable et vague accusation d'*illégalité* menace l'auteur d'une proposition adoptée par le sénat ou l'assemblée. A-t-il méconnu les intérêts de la république, omis de faire abolir les lois contraires à
la sienne, ou négligé le plus mince détail d'une
procédure longue et minutieuse, il est passible
des peines les plus graves ; et la prescription ne
le couvre qu'après une année accomplie. Et pou-
vait-on jamais compter sur les héliastes athéniens ?
Des jurys tirés du peuple, et qui s'élevaient quelquefois jusqu'à deux mille membres, étaient si ac-
cessibles aux passions, aux colères, et à ces entraî-
nements inexplicables qui troublent le jugement
des foules ! La lutte commencée sur le *Pnyx* s'a-
chevait dans les tribunaux, aussi violente, aussi
déloyale parfois, et incomparablement plus dangereuse ; car les armes n'étaient plus des arguments, des plaisanteries et des injures, mais l'em-
prisonnement, la confiscation, la mort. Aristophon sortit soixante-quinze fois vainqueur de cette
épreuve ; un de ses contemporains, Céphale, n'y
fut jamais soumis ; on le citait comme un prodige.

Au cinquième siècle, la mêlée des partis était moins ardente, et Périclès n'y avait pas perdu sa sérénité ; mais, soixante ans plus tard, l'orateur est comme un hardi capitaine tout à l'action, qui pare les coups, riposte, ne craint pas de faire son butin, et le dépense pour réussir.

Dans la voie où il s'engageait, Démosthène ne recueillit d'abord que des dégoûts. Il paraît qu'un jour ses auditeurs l'abandonnèrent, et le laissèrent continuer sa harangue seul dans le *Pnyx* désert. Son métier de *logographe* ne l'avait pas habitué à parler la langue politique. Il abusait des raisonnements et des abstractions, empruntant à Thucydide son obscurité plus que sa profondeur. Ses imperfections physiques, les défauts de son débit, tolérés dans le huis clos du tribunal, étaient insupportables, et devenaient saillants sur le théâtre nouveau qu'il abordait.

On aimerait à connaître ce *Pnyx* qui a retenti d'une des voix les plus éloquentes qui furent jamais. On croyait autrefois le retrouver sur une colline près de l'Acropole ; des recherches récentes font hésiter aujourd'hui. Nous savons du moins que la place publique d'Athènes était une vaste esplanade, voisine de la citadelle et terminée par

une sorte d'estrade taillée dans le roc. De là l'orateur dominait l'assemblée, foule de cinq à six
mille hommes. Rien d'analogue dans notre vie
moderne, sauf peut-être les grands *meetings*
anglais. Le peuple était généralement attentif et
calme ; mais il avait ses jours de colère, et pour
faire la police, Athènes, dès le cinquième siècle,
soudoyait un corps d'archers scythes. Plus tard,
les dix tribus vinrent alternativement se ranger
autour de la tribune. La scène était imposante.
Dans ces états de l'Hellade, si restreints, mais où
tous mettaient en commun les plaisirs comme les
affaires, la place publique et le théâtre ont des
proportions qui nous étonnent. Athènes a dû
grandir ses tragédiens à la taille des héros légen-
daires. Elle demandait à ses orateurs une voix
sonore, des gestes étudiés, et un imperturbable
sang-froid. Cléon, avant de porter la parole, prenait des forces avec une mesure de vin et une
large tranche de thon. Démosthène, buveur d'eau,
n'eut jamais les poumons de l'acteur Eschine et
du matelot Démade. Aussi, même en pleine
possession de ses moyens, lui arriva-t-il d'être
réduit au silence par les hurlements, les sifflets
et les rires. Qu'était-ce à ses premières tenta-

Le Pnyx.

tives, alors qu'il se présentait avec ses gestes disgracieux, un tic nerveux de l'épaule, son bégaiement et sa voix trop courte ?

Mais le débutant inexpérimenté avait une chose parquoi il a mérité d'être Démosthène : il voulait. Il voulut réformer son attitude, ses gestes, son débit, ce que les anciens appelaient *l'action*. Il en vint à bout par l'étude et l'opiniâtreté. Ses contemporains avaient été frappés de cette transformation, unique peut-être dans l'histoire littéraire, qui, suivant un mot heureux, enfanta un second Démosthène. Plutarque nous en a laissé la légende. Il est certain qu'entre tous ses dons de nature, le grand orateur estimait surtout le talent qu'il ne devait qu'à lui-même. « Dans l'éloquence, lui disait-on, quelle est la première partie ? — L'action. — La seconde ? — L'action. — Et la troisième ? — L'action encore. »

Démosthène avait trente ans environ quand il aborda réellement la vie politique. Il ne chercha pas un protecteur parmi les hommes en vue, aucun ne lui paraissant mériter qu'on s'engageât pour lui. Eubule, qui arrivait alors au pouvoir, avait presque seul des idées claires et une ligne de conduite arrêtée. Aristophon, très atteint dans son crédit à la suite de la guerre sociale, allait à l'aventure, et traînait avec lui une foule d'orateurs médiocres et criards qui encombraient les abords de la tribune. La république athénienne s'agitait dans le vide sous l'œil des aristocrates indignés.

Démosthène saura pourtant tirer de ce chaos un grand parti de la résistance ; mais il faut l'attendre à la *première Philippique*. Pour le moment, il tâtonne, et se borne à des escarmouches. Comme son éloquence, sa politique est une œuvre de patience et d'effort.

Le *discours contre Androtion* sent encore le logographe. Démosthène l'a écrit pour un certain Diodore que l'accusé a inquiété jadis par une attaque judiciaire. Instrument d'une haine privée, l'orateur toutefois y entre pour son compte. Embusqué derrière son client, il frappe un intrigant qui lui déplaît, et expose quelques-unes de ses idées sur le gouvernement d'Athènes. C'est un lutteur masqué, à la façon du journaliste moderne qui ne signe pas ses articles. Ne parler ainsi que par intermédiaire coûterait peut-être à nos hommes politiques ; mais les anciens n'avaient pas autant que nous le respect de la personnalité, et tenaient moins à paraître qu'à agir.

Le procès intenté à Androtion est une accusation d'illégalité; mais les griefs de Diodore n'ont pas grande importance; et comme en outre un de ses amis doit parler avant lui, Démosthène ne peut guère que glaner dans un champ assez peu fertile. On s'en aperçoit à son discours, très vif et très amusant, plein de verve et de passion, mais par moments bien peu sérieux. Diodore a voulu surtout se venger de son adversaire en l'injuriant, et il ne s'en cache pas. Nos plaideurs ne valent pas mieux que ceux d'Athènes; mais le respect humain et le souci de leurs intérêts les gardent d'un tel aveu. Moins scrupuleuse ou plus sincère, l'antiquité jugeait qu'on doit rendre exactement le bien et le mal; et les tribunaux, habitués aux manœuvres des accusateurs à gages, des entrepreneurs de chantage judiciaire, ou, comme on disait alors, des *sycophantes*, éprouvaient une sorte de soulagement à voir une inimitié personnelle demandant satisfaction.

Je veux examiner l'administration de cet homme de bien. Je vous le montrerai tel qu'il est, coupable des excès les plus graves, impudent, audacieux, fripon, arrogant, propre à tout plutôt qu'à exercer des fonctions publiques dans une démocratie.

Voilà le ton du plaidoyer : l'outrage s'y mêle à la calomnie : « Androtion propose des décrets illégaux, inquiète des citoyens paisibles, et usurpe le droit de parler en public, malgré ses mœurs infâmes et la souillure qu'il a héritée de son père, échappé de prison et débiteur insolvable de l'État. » La rage de Diodore et la sagacité de Démosthène ne lui font grâce de rien. Ils l'accusent d'avoir jeté au creuset des couronnes d'or consacrées à Minerve. Rien de plus légal cependant ; les temples étaient des trésors, et les *ex-voto* des réserves de métaux précieux. Les objets détériorés allaient à la fonte, et revenaient sous forme de lingots, de coupes et d'amphores. Bien que Démosthène connût parfaitement cet usage, il feint de l'oublier ; et profitant de ce que les couronnes portaient des inscriptions de victoire, il s'écrie avec plus d'éloquence que de conviction :

Androtion a détruit de la gloire, Athéniens, il l'a remplacée par de la richesse, mais mesquine et indigne de vous. Il n'a pas vu que ce peuple n'a jamais travaillé pour la richesse, mais toujours et avant tout pour la gloire. C'est par là que nous possédons deux biens impérissables : le souvenir de belles actions, et la splendeur des monuments qui en conservent la mémoire ; les Propylées, le Parthénon, ces portiques, ces arsenaux, et non pas deux petites amphores et trois ou quatre vases d'or, que tu prescriras par décret de faire refondre une fois encore, Androtion, quand cela pourra te convenir.

Un peu auparavant, Démosthène, pour indisposer les juges contre l'accusé, le présente dans le rôle toujours impopulaire d'un collecteur d'impôts : « Il a renouvelé les excès de l'oligarchie, et traqué de pauvres gens, qui, pour éviter la prison, ont été contraints de se cacher sous leurs lits ou de se sauver par les toits. » L'effet ici touche au comique ; mais ces maladresses sont rares ; et à la lecture du discours, on se laisse entraîner par ces mouvements de colère et de haine.

Vous seriez un peuple d'esclaves, Athéniens, et non d'hommes qui se croient faits pour commander aux autres, que vous ne supporteriez pas les outrages dont Androtion vous accablait sur l'Agora, enchaînant, emprisonnant métèques et Athéniens, vociférant dans les assemblées et à la tribune, appelant esclaves, fils d'esclaves, des hommes qui valent mieux que lui, dont les pères valaient mieux que le sien, demandant si la prison est faite ou non pour qu'on s'en serve. A quoi sert-elle en effet ? Ton père n'en est-il pas sorti pour aller danser aux Dionysies, les fers aux pieds apparemment ?

Il faut ici pour un instant renoncer à nos idées et à nos délicatesses modernes. L'invective est dans l'éloquence attique presque aussi essentielle que l'argumentation. Démosthène sera traité de coupeur de bourses par Eschine, de pourceau par Démade. Nous ne pardonnerions pas de telles blessures; mais les Grecs, ces fils de la nature et ces enfants du midi, sont aussi prompts à l'oubli qu'à la colère. Ils ignorent la chevalerie et les raffinements du point d'honneur; et les passions glissent sur leur âme comme les nuages sur leur ciel. Ces échanges de propos grossiers et calomnieux sont pour eux une escrime savante où ils se complaisent. Le procès d'Androtion ressemble aux farces de la comédie italienne. Plein de horions et de gros mots, il n'a fait pleurer personne au dénouement. L'accusé partit absous, l'accusateur soulagé d'avoir vomi ce flot d'injures. Mais les plus heureux furent les juges, qui volontiers eussent dit au jeune *logographe*, comme Pallas à Ulysse : « Bien qu'experts en mensonges, nous n'en eussions pas trouvé autant. »

Ce talent si impétueux savait pourtant contenir sa fougue. Il n'en reste aucune trace dans la *Leptinéenne*. Au cours de la guerre sociale, qui diminua brusquement les ressources du Trésor, Leptine, homme d'État assez peu connu, avait proposé de supprimer les exemptions d'impôts accordées aux bienfaiteurs de l'État et à leurs descendants. La motion, appuyée par les noms les plus considérables d'Athènes, triompha dans l'assemblée ; mais les privilégiés l'attaquèrent, et deux d'entre eux, Apséphion et Ctésippe, soutinrent contre elle une accusation d'illégalité. Vu leur jeunesse, ils recoururent à des avocats ; et Démosthène accepta volontiers de Ctésippe le mandat de porter la parole à sa place. Descendre dans la lice, combattre, cette fois, le visage découvert, les illustres patrons de Leptine, c'était pour lui une bonne fortune. Admis en si noble compagnie, le débutant s'en montra digne par sa courtoisie fine et discrète. La veille, pour accabler Androtion, il jetait pêle-mêle les questions et les apostrophes. Ici au contraire sa phrase ondule et se déroule comme une draperie traînante ; sa voix est douce et sa main légère, bien qu'on y sente encore la griffe.

Athènes est généreuse... Quant au caractère de Leptine, je ne le connais pas, et je n'en sais ni ne veux en dire aucun mal ; mais, à en juger par la loi, j'estime qu'il diffère beaucoup du vôtre... Ce qui vaut le mieux pour Leptine et pour vous, c'est donc qu'Athènes lui persuade de se rendre semblable à elle, au moins en apparence, et non qu'elle se laisse persuader de se rendre semblable à lui ; car fût-il parfait, et je veux qu'il le soit, il ne peut prétendre l'emporter par le caractère sur Athènes elle-même.

Aux plaisanteries délicates se mêlent des lieux communs très admirés plus tard des philosophes grecs. Quels sont les devoirs de la reconnaissance et les droits des bienfaiteurs ? Démosthène le dit avec noblesse ; et pour maintenir à ses clients les immunités qu'on leur conteste, il rappelle tous les services de leurs ancêtres : « L'un a soutenu la république de son argent, l'autre a nourri des citoyens pauvres ; celui-là, après mainte victoire remportée pour le peuple, a été tué à l'ennemi. Ah ! que pensera-t-on quand on verra debout les trophées dressés par cet homme, tandis que lui-même perdra tous les honneurs que lui a valus sa belle conduite ? »

C'est ainsi qu'à tour de rôle les clients de Démosthène viennent recevoir de ses mains comme une récompense nouvelle. Mais le panégyriste, en avocat habile, réserve pour son auditoire ses louanges les plus éclatantes. « La loi de Leptine est indigne de vous, citoyens, indigne d'Athènes. Qui ne connaît le caractère de notre ville, son honnêteté, sa bonne foi, et la grandeur d'âme qui lui fait préférer la gloire à la richesse ! Les hommes nous envient, les dieux nous aiment, et, grâce à leur bienveillance, notre bonheur égale notre vertu. »

Le despote capricieux qui siégeait sur le Pnyx avait ses heures de coquetterie. Il voulait que sans cesse on lui présentât son image, mais son image embellie ; et le retour des mêmes idées et des mêmes expressions ne le fatiguait jamais. Nous devons peut-être à cet insatiable besoin de flatterie quelques-unes des pages les plus profondes de Thucydide, où l'exactitude du portrait ne va pas sans quelque complaisance pour le modèle. Démosthène a-t-il imité son maître ? Il est bien loin en tout cas de sa pénétrante concision. Dans l'œuvre si saine du vigoureux orateur, ce plaidoyer gracieux tient une place à part, et rappelle plutôt la manière d'Isocrate. Des caresses de la *Leptinéenne*, il faut en appeler aux coups de fouet des *Philippiques*. C'est là que nous apprendrons à connaître les Athéniens et Démosthène.

Le voilà d'ailleurs engagé de nouveau dans la mêlée des haines politiques. *Le discours contre Timocrate* est le second acte de la comédie qui commence avec le procès d'Androtion. Le persévérant Diodore a enfin découvert à la charge de son ennemi une irrégularité grave, un détournement commis au préjudice du Trésor. Androtion va être condamné à une forte amende, lorsqu'il imagine un subterfuge. Dans une assemblée convoquée à la hâte, un de ses amis, Timocrate, propose et fait voter un décret permettant aux débiteurs de l'État d'éviter la contrainte par corps, s'ils fournissent trois répondants. L'accusé échappera donc à la prison ; mais Diodore se retourne contre Timocrate, et pour le combattre, va demander des armes à Démosthène. Il lui offre cette fois une meilleure cause et un rôle moins sacrifié. Le plaidoyer que nous possédons n'est plus un accessoire, ou, comme on disait alors, une *deutérologie*. Prononcé en premier lieu, il a dû suffire à former la conviction des juges. La narration est vive et colorée ; l'argumentation ample et logique. « L'accusé n'a respecté ni la procédure, ni la législation, ni les intérêts de sa patrie. Votée irrégulièrement, contraire aux dispositions du droit athénien, la motion qu'il a portée désorganise tout, l'administration, l'armée et les impôts. On n'acquittera plus ses contributions ;

l'État, les parents et les dieux même seront privés
de ce qui leur revient. Quelle heureuse fortune
pour les réfractaires, les fils ingrats et les misérables comme Androtion ! Envoyons Timocrate
dans le Tartare donner des lois aux gens qu'il
aime. »

Langage d'avocat, mais d'avocat patriote. Cette
rhétorique est enflammée par une passion sincère.
En invitant le peuple au désintéressement et au
respect de la parole donnée, Démosthène faisait
naguère preuve de droiture ; en défendant avec
ardeur les lois de sa patrie, il affirme aujour-
d'hui ses convictions de républicain. Cet accent
déclamatoire, mais chaleureux, n'est pas d'un
ami de Phocion, ou d'un adepte de la philosophie platonicienne. Le futur ennemi de Philippe et du despotisme macédonien croit fermement à la démocratie. Son idéal n'est point
dans les nuages ; l'œuvre de Solon et de Périclès
répond à tous ses désirs, et il n'en défendra jamais
d'autre.

Démosthène trouvait autour de lui des esprits
dignes de le comprendre. Cette ville affamée d'é-
galité, où le pouvoir d'un seul n'a pu s'établir
que par intervalles, conserva toujours le respect

des traditions et de la loi, et dut à un heureux mélange de défauts la plus précieuse des vertus politiques. Orgueilleux et dédaigneux du voisin, les Athéniens regardaient leurs ancêtres comme des demi-dieux, s'admiraient dans leur histoire, et ne demandaient à l'avenir que la continuation du passé. Présomptueux et plus faits peut-être pour la parole que pour l'action, ils se résignaient aux conséquences d'un débat contradictoire : la minorité se consolait de sa défaite en espérant une revanche. On s'explique ainsi qu'Athènes portât patiemment le joug de ses institutions, et n'eût pas l'habitude de railler son obéissance même. L'exil était chez elle un moyen de gouvernement, mais jamais elle ne connut la férocité des proscriptions romaines. Presque seule parmi les nations modernes, l'Angleterre nous donne l'exemple de cet orgueilleux respect de la constitution.

Cette constitution était d'ailleurs pour les Grecs œuvre sacrée ; et leur imagination l'embellissait de toutes les grâces de la poésie. Dans les lointains lumineux de la légende, les premiers législateurs de l'Hellade prenaient quelquefois d'étranges proportions. Des rêves mystérieux

avaient bercé Epiménide pendant un sommeil
de neuf années. Solon, une lyre à la main,
avait entraîné tout le peuple à sa suite. Les écri-
vains d'Athènes aiment à se représenter leurs lois
sous les traits de belles déesses, austères et bien-
faisantes. C'est ainsi que Platon nous les montre
au seuil de la prison de Socrate, et que Démosthène les évoquera devant le tribunal, pour ordon-
ner aux juges de garder leur serment, et de rendre
un arrêt équitable.

Il dut bientôt les défendre de nouveau, et rappeler ses concitoyens au respect des vieilles mœurs,
à l'occasion d'un de ces condottières qui étaient
devenus les maîtres du monde hellénique. D'a-
bord simple soldat de fortune, puis corsaire, puis
général et chef de bande, Charidème avait fini par
épouser la sœur d'un prince de Thrace, et par se
tailler une sorte de royauté indépendante. Athènes, qu'il servait quelquefois et combattait souvent, cherchait par tous les moyens à gagner sa
bienveillance et à lasser son ingratitude. Sur la
proposition d'un certain Aristocrate, le conseil des
Cinq-Cents mit aux pieds de cet aventurier toutes
les règles de la procédure criminelle. « *Quiconque*,
disait le décret, *attentera aux jours de Charidème*

*sera hors la loi, et pourra être saisi sur tout le terri-
toire de la république et de ses alliés.* » Cette motion
révolutionnaire valut à son auteur une poursuite
pour illégalité ; et Démosthène prêta à l'accusateur le secours de son éloquence :

« Que prétends-tu ? » dit-il à Aristocrate.

Un homme fût-il jugé coupable, les lois défendent de
l'appréhender, si ce n'est en Attique : tu décides qu'on
l'appréhendera sans jugement et chez tous nos alliés ;
même en Attique les lois interdisent d'emmener cet
homme chez soi ; toi, tu permets de le faire en tout lieu.
Et du coup tu autorises tout ce que la loi interdit. On
pourra le rançonner, le maltraiter, le torturer, le mettre
à mort. Où trouver décret plus illégal et plus inouï ?

« Combien sont préférables les dispositions an-
ciennes qui règlent tout avec prudence, distinguent les différents crimes, accordent à chacun le
libre exercice de son droit, et imposent aux accusateurs les serments les plus terribles ! Les dieux,
suivant une antique tradition, n'ont pas craint de
s'en remettre aux sentences de l'Aréopage ; et elles
ne suffiraient plus aujourd'hui à nos faiseurs de
décrets ! » A cette évocation inattendue, à cette
échappée qui s'ouvre soudain sur le pays de la
légende, reconnaissons la souplesse et la fécon-
dité du génie grec, fleurissant jusqu'aux ronces

de la chicane. Démosthène a sacrifié à la gracieuse
faiblesse de ses contemporains, mais il laissera
désormais à d'autres ce moyen facile de flatter
l'amour-propre en caressant l'imagination.

D'ailleurs, *le plaidoyer contre Aristocrate* nous
intéresse surtout par sa valeur historique. Le politique prudent jusqu'en ses audaces, qui jusque-là
s'attaquait moins aux partis qu'aux hommes, jette
enfin le défi à tous ceux qui perdent Athènes. Bien
qu'il n'abandonne pas encore sa forte position de
*logographe*, il est dès ce moment un orateur d'opposition : « Charidème, dit-il, ne mérite aucune récompense ; nous l'avons déjà comblé de bienfaits
qu'il a payés par l'ingratitude. Il fallait le punir,
on s'est humilié devant lui. Autrefois le peuple
agissait autrement et de ses serviteurs ne faisait
pas des maîtres. »

La république alors connaissait la prospérité et la grandeur, tandis que les particuliers ne s'élevaient pas au-
dessus de la foule. En voici la preuve : où sont les maisons de Thémistocle, de Miltiade et des hommes illustres
de ce temps ? Si vous les connaissez, vous les trouverez
aussi modestes que celle du voisin. Mais les édifices et les
travaux de la ville sont si grands et si beaux que la postérité ne pourra aller au delà... Aujourd'hui, ceux qui
s'adonnent aux affaires publiques sont dans l'opulence ;
quant aux édifices que vous construisez et crépissez,

combien cela est petit et mesquin, j'ai honte de le
dire.

« Avec sa richesse Athènes abandonne son
honneur. On ne disait point après les guerres
Médiques que la victoire de Salamine était à Thémistocle, et celle de Marathon à Miltiade. Aujour-
d'hui on va répétant que Timothée s'est emparé
de Corcyre, qu'Iphicrate a battu les Lacédémoniens. Le Trésor est vide : des orateurs éhontés
vendent à son de trompe les récompenses les plus
hautes, traînent le droit de cité dans la boue, et
pour attirer le client mettent sans augmentation
de prix dans le décret tous les noms que l'on désire. »

O combien gémiraient ces hommes d'autrefois qui sont
morts pour la gloire et la liberté, et nous ont laissé des
monuments de leurs belles actions, s'ils pouvaient voir
que leur patrie en vient à prendre l'attitude et le rôle d'un
serviteur, et délibère sur Charidème, s'il faut monter la
garde autour de lui. Charidème ! grands dieux !

« Si les intrigants sont coupables de cette dé-
chéance, tous les citoyens en sont complices. Les
uns agissent, les autres laissent faire. Que l'on
accuse devant les tribunaux un de ces orateurs
qui perdent la cité, il amènera quelques répon-

dants, il lancera deux ou trois plaisanteries, et aussitôt on l'acquittera ; à moins que le peuple, dans un jour de sévérité, ne lui inflige vingt-cinq drachmes d'amende. Étrange faiblesse qui permet tout à des misérables et décourage les honnêtes gens ! car, au milieu de tant de clameurs, ils ne peuvent compter qu'on les entendra. »

- Où sont les discours contre Androtion et même contre Timocrate ? Ce talent qui semblait d'abord se confiner dans d'étroites et irritantes questions de personnes, a bien vite élargi le champ de son action. L'heure décisive approche. Pourtant elle n'a pas sonné encore ; et mieux que les plaidoyers, les premières harangues de Démosthène jettent le jour sur ces années d'épreuve, où le puissant ouvrier, courbé sur sa tâche et travaillant dans l'ombre, pose les solides assises de sa politique et de son éloquence. Il se sentait mal à l'aise à la tribune. La gêne d'une forme nouvelle, le poids de sa responsabilité, le souvenir de ses échecs arrêtaient ce libre élan qui se donnait carrière pour le compte de clients obscurs. C'est quand Démosthène parlait en son nom qu'il était le moins lui-même ; et pour faire jaillir sa pensée,

il a fallu le choc d'une vive émotion et le sentiment d'un grand devoir.

Le *discours sur les Symmories*, presque contemporain du plaidoyer contre Androtion, attire l'attention des Athéniens sur leur marine, invincible
autrefois, mais réduite à l'impuissance par l'é-
goïsme des *triérarques* et l'incurie de l'assemblée.
On pouvait, paraît-il, remédier au mal en grou-
pant les contribuables d'après un système différent. L'exposé des réformes nécessaires est régulier mais lourd et obscur ; Démosthène y revien-
dra avec profit quand il sera le maître. Pour le
moment, le peuple ne l'approuva point et peut-
être ne l'écouta guère, et s'intéressa plutôt à quelques idées de politique ferme et prudente, formu-
lées dans l'exorde et la péroraison avec une affec-
tation de profondeur qui sent l'étude de Thucydide. La pensée d'une attaque possible de la
Perse hantait alors beaucoup d'esprits. On craignait et on s'exaltait tout ensemble. Athènes se
croyait revenue au temps de Salamine, et songeait presque à poursuivre l'ennemi séculaire
jusqu'en Asie. Plus tard Isocrate proposera de
choisir Philippe pour diriger cette sorte de croisade. Démosthène, l'histoire a de ces ironies,

dans sa première harangue essaya de calmer l'ardeur belliqueuse de ses concitoyens. Il comprit
que la Grèce devait tourner ses regards, non vers
l'Orient mais vers le Nord, et qu'une tentative de
coalition contre la Perse étalerait au grand jour la
plaie de la patrie. L'indolence athénienne trouvait son compte à ces avis ; ils furent écoutés.

Le *discours pour Mégalopolis* est de trois années
postérieur. On sait qu'Epaminondas avait fondé
dans le Péloponèse, pour inquiéter ses ennemis,
une ville ou plutôt un vaste camp fortifié, Mégalopolis. Sparte, qui essaie de rétablir sa puissance
presque ruinée par les Thébains, voudrait maintenant détruire leur œuvre, et rendre au néant la
cité qui vient d'en sortir. Les Athéniens s'associe-
ront-ils à cette tentative d'oppression ? Démosthène les en dissuade ; mais il faut avouer que ses
raisons ne sont ni bien solides, ni bien généreuses. « Soutenons, dit-il, les ennemis de Lacédémone et de Thèbes. Divisons pour dominer, et
fondons notre grandeur sur l'humiliation de nos
rivaux. » Calcul spécieux, mais non sans péril. La
Grèce balancée entre des puissances également
affaiblies eût été une proie offerte aux convoitises
de Philippe. Le puissant esprit qui a vu dès l'a-

bord d'où venait le danger n'en a pas aussi vite
senti toute l'étendue. Sa morale du moins vaut
mieux que sa politique : « Le devoir, dit-il, aussi
bien que l'intérêt, nous ordonne de sauver Mégalopolis. Enchaînés par une tradition d'honneur et
de générosité plusieurs fois séculaire, nous avons
reçu la mission providentielle de protéger les
faibles et de combattre leurs oppresseurs. » Cette
idée, bien faite pour séduire un orateur, et pour
arracher quelques efforts à la mollesse du peuple,
les Athéniens la connaissent déjà ; et, dès le cinquième siècle, nous la trouvons dans Hérodote.
Mais Démosthène lui donne une valeur nouvelle ;
et désormais nous la verrons reparaître bien des
fois, toujours féconde en beaux développements,
exhortant pendant la lutte, consolant après la
défaite.

Ces quatre plaidoyers et ces deux harangues nous
conduisent comme par deux chemins parallèles
jusqu'à l'arène pleine de rumeurs et de lumière
où nous allons entrer avec la *première Philippique*.
La route était d'abord obscure et quelque peu
fatigante. On n'y voit qu'intérêts mesquins, querelles de petite ville, injures, calomnies, disser-
tations compliquées et abstraites. Mais peu à peu

les difficultés s'aplanissent, le jour se fait. Ce logographe subtil, ce politique embarrassé, c'est pourtant le grand orateur. A chaque détour du chemin, se dessine un trait nouveau de son caractère
et de son talent. Amour de la démocratie, respect de la vieille Athènes, rêve d'un rôle glorieux
pour sa patrie, logique ardente, connaissance profonde de l'art oratoire, il ne manque maintenant
plus rien à Démosthène, que Philippe. L'ennemi
peut venir, il trouvera un champion digne de le
combattre.

Les cinq années qui se sont écoulées depuis le
commencement de la guerre ont consommé la
ruine des petites places que la Grèce avait semées
en enfants perdus sur les bords du golfe Thermaïque. Les Macédoniens sont maîtres chez eux,
et ils commencent en même temps à prendre
pied chez les autres. Une *guerre sacrée* va leur
ouvrir les portes de l'Hellade.

Ce pays si profondément divisé avait pourtant
une capitale religieuse. Depuis des siècles, les
Grecs venaient tous les quatre ans à Delphes se
disputer pacifiquement, pour un jour, les prix de
la lutte et de la course, retremper leur patriotisme dans les cérémonies d'un même culte, et

affirmer ainsi l'unité de leur race. Delphes, qui prenait le nom d'*Ombilic du monde*, aurait pu s'appeler le cœur de l'Hellade. Sans doute il ne faut pas demander à la foi des Grecs la profondeur de sentiment et l'inquiétude qu'y ont portées les Occidentaux. Elle restait à la surface et comme à fleur d'âme, et tenait beaucoup à l'habitude et à la superstition ; mais elle avait surnagé par sa légèreté même. Les plaisanteries des poètes comiques et le rationalisme des philosophes amusaient les esprits sans troubler les consciences. Les tristesses de la guerre de Péloponèse amenèrent de plus une sorte de recrudescence de la dévotion ; et à l'époque de Démosthène, l'alliance d'Apollon était une grande force pour celui qui la mettrait de son côté.

Philippe sut le comprendre. Depuis trois années environ, les Phocidiens, peuple voisin de Delphes, avaient envahi la ville sainte. Bons soldats, riches des trésors de toute la Grèce, ils étaient la terreur de leurs voisins de Béotie et de Thessalie. C'est en Thessalie qu'ils se heurtèrent pour la première fois aux phalanges macédoniennes, et qu'ils succombèrent après une lutte sanglante et acharnée. Combat obscur et mémorable. Philippe

avait fait plus que vaincre les Phocidiens, il venait
d'abaisser la barrière morale qui s'élevait entre
les Grecs et lui. Comment en effet traiter de
Barbare et d'étranger le vengeur d'Apollon ?
Désormais on le verra, le laurier sacré au casque,
se présenter hardiment au nom du dieu qu'il a
défendu. La religion est pour lui ; elle endormira
les défiances, elle servira d'excuse à la lâcheté,
elle fera échec au patriotisme. Mais quand donc
éclatera la voix du patriote ?

# CHAPITRE III.



Une armée s'est engagée la nuit dans un défilé plein d'embûches : on marche sans prendre garde, lorsque tout à coup retentit, comme un signal de ralliement et d'alarme, la mâle sonnerie du clairon. Ce clairon, c'est la *première Philippique*.

Le sol maigre de l'Attique, bien que mieux cultivé qu'aujourd'hui, ne suffisait pas à nourrir Athènes ; il lui fallait tirer du dehors une partie de sa subsistance. Aussi, malgré son incurie ordinaire, pour assurer les arrivages des blés du Pont-Euxin, surveillait-elle avec soin les bords de la Propontide, où sa puissance était assurée par des colonies et des postes militaires. Philippe, dans une de ces pointes audacieuses qu'il poussait de tous côtés, avait franchi l'Hèbre et mis le siège devant Heræon-Tychos, forteresse voisine des possessions athéniennes. A cette nouvelle, l'émotion fut vive sur l'*Agora* ; mais une maladie de Philippe, qu'on apprit au même moment, calma les inquiétudes. Démosthène voyait plus loin, et sentait l'importance du danger. Il comprit que cette attaque n'était qu'un prélude, et que les Macédoniens y reviendraient ; et c'est en effet dans la Chersonèse que se ralluma la guerre, trois ans avant la défaite de Chéronée. Cette intuition d'un péril lointain fait le plus grand honneur à Démosthène. La *première Philippique* marque une date importante dans sa vie. Désormais il est maître de son action et de sa pensée ; sa politique a enfin trouvé sa voie. L'aigle puissant et lourd, après avoir essayé son vol, s'est élancé vers les hauts sommets et la région des orages, et n'en tombera que pour mourir.

Si l'on avait mis à l'ordre du jour quelque sujet nouveau, Athéniens, j'aurais laissé parler vos orateurs ordinaires, et alors si un des avis énoncés m'avait convenu, je n'aurais rien dit ; sinon, j'eusse essayé comme les autres de vous exposer mon opinion ; mais puisque la discussion revient encore sur des matières traitées déjà bien souvent, je me lève le premier, et je compte sur votre indulgence ; car, si par le passé on vous avait donné les conseils nécessaires, vous n'auriez point aujourd'hui à délibérer.

Sous ce calme et cette modération apparente percent déjà le mépris, l'orgueil et surtout la passion, qui presque aussitôt brise toute barrière et s'épanche en flots tumultueux. Les apostrophes, les questions, les images se pressent et se heurtent sur les lèvres de Démosthène. Il interpelle son auditoire et chaque Athénien en particulier. Il exhorte, il raille, il encourage, avec la même chaleur et presque dans le même moment. *Il tonne, il foudroie... On ne peut le critiquer parce qu'on est saisi, on pense aux choses qu'il dit, et non à ses paroles. On le perd de vue, on n'est occupé que de Philippe qui envahit tout.*

Quand donc, Athéniens, quand ferez-vous votre devoir et qu'attendez-vous pour agir ? — Que ce soit nécessaire, par Jupiter. — Eh bien ! que penser de ce qui nous arrive ? La plus pressante nécessité pour des hommes libres, n'est-ce pas le déshonneur ?... Quoi ! nous ne monterons pas sur notre flotte, nous ne partirons pas, envoyant à l'armée quelques citoyens aujourd'hui, puisque nous l'avons négligé jusqu'ici ? Nous ne voguerons pas vers le pays de cet homme ? Où aborder, me demande-t-on ? Attaquons seulement, la guerre montrera le point faible. Mais à rester chez nous, tranquillement assis, écoutant des orateurs qui s'insultent et s'accusent, jamais nos affaires ne se feront. Qu'au contraire Athènes se joigne à ses soldats, ou seulement une partie d'Athènes : les dieux seront favorables, et la fortune combattra pour nous. — Voyez la chose, Athéniens, et à quel point d'insolence l'homme en est parvenu ; il ne nous laisse pas le choix entre la

paix et la guerre, il menace et tient d'insolents discours, à ce qu'on prétend.

Lecture est donnée d'une dépêche aux Eubéens
où Philippe affiche son mépris pour Athènes ;
puis l'orateur reprenant :

Ceci, Athéniens, est en grande partie vrai, quoique peu
agréable à entendre. Si, en supprimant d'un discours
tout ce qui peut déplaire, on le supprimait dans la réalité,
il ne faudrait vous parler que pour votre plaisir. Mais si
les douces paroles qui ne reposent sur rien ne sont en
fait qu'une source de dommages, il est honteux de se
duper soi-même, et, différant toujours ce qui gêne, de
ne jamais être prêts à temps.

« Puisqu'il faut secouer cette torpeur, bénie
soit l'insolence du Barbare, et son ambition, et
ses insatiables convoitises. »

Il me semble, Athéniens, qu'un dieu, rougissant pour
la ville de ce qui lui arrive, a inspiré à Philippe cette
activité inquiète. S'il avait voulu, après tant de conquêtes
et de rapines, s'arrêter et ne plus rien entreprendre,
quelques-uns de nous, je crois, en acceptant cette situation, nous eussent exposés tous au déshonneur, au
reproche de lâcheté et aux accusations les plus hon-
teuses. Mais puisqu'il envahit sans cesse..... il vous
réveillera peut-être, si vous ne vous abandonnez pas
complètement.

Cette éloquence toujours ardente n'est pourtant jamais monotone. Imagination, profondeur, finesse, toutes les qualités de Démosthène se retrouvent ici avec plus d'éclat et de force. Comme il pénètre dans les replis les plus cachés de la conscience athénienne ! Et quelle malice légère et incisive : « On croit faire beaucoup, quand on envoie aux alliés avec des vaisseaux vides, des espérances de tribune ; c'est en se promenant qu'on traite les affaires de l'État. »

Voulez-vous, dites-moi, aller sur la place publique, vous demandant les uns aux autres : Eh bien ! quoi de nouveau ? — Eh ! que se peut-il de plus nouveau qu'un homme de Macédoine administrant les affaires de la Grèce et battant les armées athéniennes ? — Philippe est-il mort ? — Non, par Jupiter ! mais il est malade. — Mort ou malade, que vous importe ? s'il arrivait malheur à celui-ci, vous vous en feriez un autre par votre négligence.

Voyez-vous d'ici ces nouvellistes athéniens sous les ombrages de l'*Agora* ? « Les uns racontent que Philippe va s'allier avec Sparte, asservir Thèbes, et démembrer les États républicains ; les autres, qu'il a envoyé une ambassade au roi de Perse, celui-là qu'il fortifie des villes en Illyrie. Chacun forge sa fable, et personne ne veut avoir le dernier mot. »

DÉMOSTHÈNE.                                          4

Certes il est un peu ridicule, ce peuple si spirituel ; mais pourtant il reste sympathique. N'est-ce pas son intelligence même et sa finesse qui le rendent si lent à agir et si prompt à se décourager ?

Démosthène, qui le connaît bien, a commencé par le rassurer, en lui disant qu'après tout le succès n'est pas impossible : « Philippe sans doute a des soldats vaillants, un territoire étendu, des places nombreuses. Mais, dans une guerre, il est une force plus puissante et dont chacun peut disposer, c'est la ferme volonté de faire son devoir. On l'a bien vu autrefois ; quand les Athéniens consentaient à combattre, l'événement répondait à leurs efforts. » Démosthène rappelle ces glorieux souvenirs ; et tout à coup, par un trait hardi, c'est la puissance même de Philippe qu'il invoque comme une preuve irrésistible et un encouragement décisif :

Toutes ces places, et le pays qui les entoure, étaient à nous autrefois. La plupart des peuples qui marchent avec lui, libres et autonomes alors, préféraient notre alliance à la sienne. Si Philippe avait jugé difficile d'entrer en lutte avec les Athéniens, dont les forteresses dominaient son territoire, il n'aurait rien fait de ce qu'il a fait, et n'aurait point acquis une telle puissance. Mais

cet homme a bien compris que toutes ces possessions
étaient les prix du combat exposés sur l'arène, et que
toujours on voit déposséder les absents par ceux qui
sont là, les indolents par ceux qui consentent à braver
fatigues et périls ; et plein de cette pensée, il a tout envahi·

« Philippe trace la voie à Athènes ; qu'elle s'y
engage, mais qu'elle se tienne en garde contre
les projets trop ambitieux. Il ne faut pas s'écrier :
Allons ! vite, aujourd'hui même. Il ne faut pas
parler de dix et vingt mille mercenaires, armées
magnifiques, mais qui n'existent que sur le papier.
Les projets d'Athènes doivent être modestes et
pratiques : trop entreprendre est souvent un
prétexte pour ne rien achever. Dix trirèmes légères suffiront, avec des vaisseaux de transport,
deux mille fantassins et deux cents cavaliers.
Cette petite armée fera sur les côtes de la mer
Egée la guerre de course et de pillage, et inquiètera Philippe, sans jamais avoir à se heurter contre les masses profondes de son infanterie. »
Mais comment entretiendra-t-on ces troupes ?
où prendra-t-on l'argent ? Quelle somme donnera-
t-on aux divers corps ? où les fera-t-on hiverner ?
Pour toutes ces questions, Démosthène a une
réponse toute prête : il songe à tout, règle tout.

Son plan sérieux, net et logique, n'a rien de vague ni d'oratoire. Quel contraste avec la confusion qui règne en ce moment dans toute l'organisation militaire de la cité !

A voir comme vos affaires sont conduites, on peut en vérité bien rire de vous. Qu'on vous demande : Etes-vous en paix, Athéniens ? — Non, par Jupiter ! répondez-vous, nous faisons la guerre à Philippe. — N'avez-vous pas en effet choisi dix taxiarques, autant de phylarques, et de stratèges et deux hipparques ? Mais ces gens-là, que font-ils ? Hors un seul que vous envoyez à la guerre, tous les autres suivent les processions avec les sacrifica·teurs. Vous faites des taxiarques et des phylarques comme les mouleurs d'argile des statuettes, pour l'Agora et non pour la guerre.

« Du reste, eût-on des chefs, les soldats man-queraient toujours. On se contente d'engager des mercenaires, et on néglige de les payer. Aussi ne s'occupent-ils que fort peu des Macédoniens. N'ont-ils pas été naguère, avec la flotte, se louer aux Asiatiques, et combattre pour le compte du satrape Artabaze ? Pendant ce temps, les enne-mis agissent, et Athènes arrive toujours trop tard. Ainsi font les pugilistes barbares : ils parent les coups quand ils les ont reçus. Le général des Athéniens, c'est Philippe, dont ils suivent tous

les mouvements sans jamais l'atteindre. L'ennemi
assiège une ville ; la nouvelle en parvient au peuple au moment où l'assaut va être donné. Quel
trouble alors ! »

On nomme des triérarques, on s'enquiert des subsides,
on délibère : Nous monterons sur les vaisseaux, nous y
enverrons les métèques et les affranchis, nous partirons
nous-mêmes. Puis on voit que pendant toutes ces hésitations, ce que nous voulions sauver a péri ; car l'occasion
n'attend pas nos lenteurs et nos égoïstes subterfuges.

Le portrait n'est pas chargé ; il suffit de lire un
petit discours, de quelques années antérieur à la
*première Philippique*, et écrit, dit-on, par Démosthène pour un client. C'est l'odyssée héroï-comi-
que d'un *triérarque* malheureux. Que d'infortunes
viennent fondre sur cet homme plein de zèle qui
a voulu se distinguer, et n'a rien épargné pour
orner sa galère ! Les vivres manquent ; le chef
des soldats est emporté par une maladie ; les
matelots s'en vont. Ce *triérarque* était un naïf ;
Démosthène, fidèle aux règles du genre, le fait
parler avec naïveté.

Tout le monde conviendra qu'il y a une chose qui perd
les équipages ; c'est quand le navire retourne au port
pendant le service. D'une part en effet beaucoup de gens

désertent, et d'autre part ceux qui ne s'éloignent pas
de leur poste, ne veulent plus rester à bord ; à moins
qu'on ne leur fournisse une seconde fois de l'argent pour
régler leurs affaires domestiques.

« Arrivés sur la côte ennemie, les soldats refu-
sent de se battre, et pour attendre leur bon plaisir, on reste en panne, chassant sur les ancres
pendant une nuit d'orage. » Voilà une esquisse
des expéditions maritimes d'Athènes au quatrième siècle.

La *première Philippique* ne produisit aucun
résultat. Quelques vaisseaux, un peu d'argent, ce
fut tout ce que l'approche du péril put arracher à
l'aveuglement égoïste du peuple. Mais la ténacité
de Démosthène n'était pas de celles que lasse un
échec, et bientôt après il revint à la charge.

Le *discours pour les Rhodiens*, solide et vigoureux sans beaucoup d'éclat, disparaît dans le
rayonnement de la *première Philippique*. Et pourtant c'est là qu'on trouve, sous une forme dogma-
tique, les idées dont s'inspirera Démosthène dans
sa lutte contre les Macédoniens. Il n'ignore pas
que l'intérêt est la loi suprême de la politique,
et que le droit bien souvent n'a d'autre mesure
que la force. Mais son âme élevée ne s'arrête pas

à ces conceptions égoïstes. Comme dans le *discours pour Mégalopolis*, il veut toujours faire des Athéniens les redresseurs de torts du monde hellénique ; et même, ce qu'il leur propose aujourd'hui, ce n'est plus seulement le triomphe de la justice, mais celui des institutions républicaines :

« Sauvegarder contre toute oppression les États et les hommes, défendre l'indépendance de la Grèce contre les attaques du dehors, et sa liberté contre les conjurations du dedans, c'est la tâche pénible mais glorieuse qu'ont vaillamment accomplie les Athéniens du cinquième siècle, et qu'abandonnent aujourd'hui des orateurs complaisants et lâches. »

Il faudrait dans le gouvernement de l'Etat la même discipline qu'à l'armée. Que veux-je dire ? Celui qui déserte le poste où son chef l'a placé, est noté d'infamie, et privé de ses droits civiques. De même celui qui déserte en politique le poste marqué par nos ancêtres, pour se faire le partisan de l'oligarchie, ne devrait-il pas être jugé indigne de vous faire entendre ses conseils ?

Démosthène ne va-t-il pas, dans son entraînement oratoire, imposer à ses concitoyens un sacrifice trop lourd, et compromettre leurs der-

nières ressources dans des aventures inutiles?
Quelle imprudence ! dira-t-on. Mais, en Grèce, les
pires imprudents étaient ceux qui refusaient
d'agir. Déjà Philippe entrait dans la voie qui le
mènera si loin ; il se présentait comme un média-
teur qui ne cherche qu'à mettre les peuples
d'accord. Les Athéniens auraient dû le devancer
dans ce rôle, et intervenir au nom des deux
principes dont il menaçait l'existence, l'autonomie
des États, et le maintien des institutions républicaines. Cette politique est bien celle du discours
*pour les Rhodiens ;* nous voudrions pourtant l'y
voir formulée d'une façon plus nette. Démosthène
semble montrer ici pour les gouvernements populaires une prédilection trop exclusive. Mais
s'il réserve dans son affection la première place
à la démocratie athénienne, il ne met pas à
l'écart les autres cités helléniques, puisqu'elles
sont, comme sa patrie, soumises au régime de la
loi ; et ce même amour de la liberté qui le rend
peu sympathique aux aristocraties, se tourne en
haine contre le despotisme des rois macédoniens.

Deux ans après la *première Philippique*, la
guerre d'Olynthe vint renouveler les inquiétudes
de la Grèce, et ranimer ses espérances. Olynthe,

capitale de la Chalcidique, était le centre d'une
confédération qui au quatrième siècle n'em-
brassait pas moins de trente villes. Ses mon-
naies d'or et d'argent attestent encore aujour-
d'hui sa richesse; et ses troupes, recrutées
en partie parmi les peuplades belliqueuses du
voisinage, lui permettaient de tenir tête aux plus
puissants États de l'Hellade. Aussi Philippe
commença-t-il par la ménager; aux magistrats
de la ville il envoya des chevaux, du bois, de
l'or surtout, comble de sa munificence barbare.
Au peuple même il abandonna ses conquêtes, en
attendant l'occasion de tout reprendre, les présents avec l'obligé. Cette politique astucieuse fut
enfin percée à jour. Les Olynthiens, effrayés de
l'ambition d'un tel ami, s'éloignèrent de la Macédoine, et se rapprochèrent d'Athènes, clair-
voyance tardive qui ne retarda guère leur chute.
Philippe s'avança vers eux, captieux comme toujours, puis il mit le siège devant des villes qui
leur appartenaient. La guerre était déclarée; des
ambassadeurs partirent en toute hâte pour
implorer des Athéniens un traité d'alliance et une
armée de secours. On leur envoya quelques
mercenaires; mais l'assemblée du *Pnyx* n'avait

plus guère coutume d'aller jusqu'au bout de ses sympathies et de ses haines ; c'est en vain que Démosthène, par trois fois, essaya d'obtenir un concours plus efficace.

Les « *Olynthiennes* » ont entre elles de grandes analogies. La forme diffère ; mais le fond, bien souvent, est identique. L'orateur ne se lasse pas plus de répéter ses reproches que les Athéniens de les mériter. Comme un prédicateur chrétien, l'entêtement de son auditoire le condamne à quelque monotonie. Il s'y résigne aisément, car les Grecs, moins soucieux que nous de l'originalité, ne craignent pas d'entendre plusieurs fois un développement heureux : ces dilettantes de la parole aiment à bisser les morceaux réussis. Démosthène a répété à deux ans de distance des pages entières ; et nous possédons de lui une collection d'exordes, sortes de lieux communs qui lui permettaient de n'être jamais pris au dépourvu. Tous ses contemporains en faisaient autant, et il a recouru sans scrupule au même procédé, sachant bien que son œuvre n'en resterait pas moins originale.

On sent dans les deux premières *Olynthiennes* la joie et la confiance de l'homme qui espère pour Athènes un retour d'énergie et de fortune :

La bienveillance que les dieux ont accordée à notre ville, ô Athéniens, s'est manifestée bien souvent déjà, mais jamais plus clairement qu'aujourd'hui. Qu'il se soit trouvé pour combattre Philippe des hommes possédant un pays limitrophe du sien et une certaine puissance, et, ce qui vaut encore mieux, persuadés qu'avec lui tout accord est peu sûr et bientôt fatal à la patrie ; comment ne pas reconnaître en tout cela une protection merveilleuse et divine ? Aussi faut-il nous garder, dès maintenant, de nous montrer moins utiles à nous-mêmes que les circonstances présentes. Ce serait une honte qu'après les villes et les pays dont jadis nous étions maîtres, on nous vît abandonner les alliances et les occasions que nous ménage la fortune.

« Bonheur oblige. Athènes, pressée par les circonstances, n'a plus aucun prétexte pour temporiser ; l'occasion est là, elle prend une voix, et crie au peuple de se mettre énergiquement à l'œuvre. »

Cette image frappante ne serait pas déplacée dans la *première Philippique* ; pourtant l'inspiration de Démosthène semble aujourd'hui moins impétueuse. Raisonnant plus qu'il ne s'emporte, il développe avec largeur certaines idées qu'il n'a fait jusque-là qu'indiquer. « Les Macédoniens, dit-il, par exemple, ne sont pas très redoutables, et on peut fort bien entrer en lutte avec eux. Philippe rencontre de sérieux obstacles ; les

peuples qu'il a dupés, éclairés enfin par tant de
perfidies, vont renoncer à son alliance ; des
mouvements sourds agitent la Thessalie ; les
Illyriens, les Péoniens et tous ses sujets barbares ne demandent qu'à trahir ; bientôt ses
tributaires excédés lui couperont les vivres, ce
qui le gênera fort pour entretenir des mercenaires ; les Macédoniens eux-même commencent
à se fatiguer. »

Epuisés par ces expéditions et ces courses en tous sens,
souffrant sans cesse et menant la plus triste vie, ils ne
peuvent ni s'occuper de leurs travaux et de leurs affaires,
ni même tirer parti de ce qu'ils ont produit avec tant
de peine, puisque la guerre a fermé les ports. Jugez par
là quels sont leurs sentiments pour Philippe.

« Enfin la résistance d'Olynthe déconcerte un
homme habitué à vaincre. Il se voit maintenant
contraint de risquer un siège, et de combattre
une nation énergique et défiante. Sa force même
l'embarrasse, car ce despote partout obéi inspire à
cette république une terreur légitime. »
Grâce à leur clientèle, à leurs relations, à leur
correspondance, les grands orateurs grecs étaient
comme un centre d'informations. Il leur fallait
se renseigner eux-mêmes, Athènes n'ayant au

dehors aucune représentation régulière et permanente. Pendant toute cette guerre, Démosthène
s'est tenu très exactement au courant, et nous
voyons passer dans la seconde *Olynthienne* la
figure effacée d'un ami qui a séjourné en Macédoine, et qui est tout à fait incapable de feindre.
Nous n'en jurerions pas. Cet ami a rapporté de
son voyage bien des anecdotes douteuses ; et
Démosthène, qui n'en est pas dupe, en tire parti
sans scrupule. Croirons-nous que les troupes
macédoniennes ne sont en rien supérieures aux
autres, et que Philippe, par jalousie, en écarte
tous ceux qui se distinguent ? D'un si habile
homme, cela est peu probable.

Un orateur doublé d'un avocat ne pouvait
manquer de s'étendre sur les mœurs de la cour
de Pella, « ramassis d'ivrognes, de brigands et de
flatteurs qui dansent et chantent avec des his-
trions déconsidérés dans les faubourgs d'Athènes. » Ce ne sont point là des calomnies. L'historien Théopompe, contemporain de Philippe et
son grand admirateur, entre à ce sujet dans des
détails que l'on ne peut qu'indiquer : les rudes
officiers de la phalange entourés de leurs mignons
et parés avec une recherche féminine, le roi

demeuré barbare sous son vernis grec, capable
de comprendre Aristote et de s'enivrer en compagnie de ses bouffons. Toutefois nous aimerions
mieux moins d'insistance. Est-il bien digne d'insulter ses adversaires de loin et sans péril ? Mais
les Athéniens n'avaient pas ces délicatesses ; et
ils devaient d'autant plus se réjouir des injures
contre Philippe, qu'ils étaient d'habitude obligés
de s'en tenir là.

Pour eux, d'ailleurs, ces insultes sont des arguments. Il leur semble que tant d'infamie doit
attirer la colère céleste, et que le Barbare porte
au front le sceau du vice et de la folie dont la
destinée marque ses victimes. Ces Grecs en effet,
si gais et si amoureux de la vie, conservèrent toujours un fond d'idées fatalistes. Les tragiques
figures d'OEdipe et d'Oreste traversaient par
éclairs leur imagination riante. « Un dieu jaloux,
disaient-ils, tient suspendus sur les têtes les plus
hautes le crime et le malheur, châtiment certain
des pensées coupables et des ambitions démesu-
rées. L'arrêt prononcé est irrévocable. Energie,
intelligence, rien ne peut prévaloir contre cette
puissance obscure qui plie et façonne à son gré
les affaires humaines. »

Cette croyance est celle de Démosthène ; il l'affirmera souvent dans ses discours, et, partant pour Chéronée, il inscrira en lettres d'or sur son bouclier une invocation à la Fortune. Nous eussions pu attendre de lui une pensée plus fière. Comment un apôtre de l'action virile a-t-il appelé à l'aide une doctrine qui proclame le néant de nos efforts ? C'est qu'il ne faut pas confondre le fatalisme de la Grèce avec celui de l'Orient moderne. Les Turcs lui ont dû un élan irrésistible, ils en sont accablés aujourd'hui ; l'Hellène, toujours épris de lui-même, n'a jamais admis que ses dieux pussent l'abandonner. Trahi par la fortune, il a toujours cru en elle ; et comment s'empêcher d'y croire alors qu'elle était indécise, et n'avait pas encore parlé ? Jupiter allait-il préférer à une cité généreuse, intelligente et libre, un Barbare perfide et décrié par ses mœurs ?

Ces infamies disparaissent maintenant à l'ombre du succès, car la prospérité est merveilleuse à couvrir ces sortes de choses ; mais qu'un revers arrive, et tout sera compté. Nous le verrons bientôt, Athéniens, si les dieux y consentent et si vous savez le vouloir. Dans le corps, tant qu'on se porte bien, les maux anciens ne se font pas sentir ; mais, à la première maladie, fractures, luxations, infirmités de toutes sortes se réveillent. Ainsi des villes et des tyrans ; tant qu'ils combattent au dehors, la foule ignore leurs misères. Mais elles éclatent dès qu'une guerre vient chez eux les prendre corps à corps.

Cette ruine de la puissance macédonienne, que Démosthène annonce et dépeint avec tant de force, les Athéniens l'attendent comme lui, mais sans rien faire pour la préparer. Ce n'est point assez pourtant d'être cher aux dieux, il faut mériter leur faveur, et quand l'occasion s'offre, savoir la saisir hardiment. « Aide-toi, le ciel t'aidera. » Cette maxime moderne ne serait pas déplacée dans les *Olynthiennes*, car elle résume la philosophie vigoureuse que Démosthène a su tirer d'une dangereuse doctrine. Trempé comme Achille dans ces eaux malsaines, il en sort invulnérable, retourne à la bataille, attaque de nouveau l'indifférence de ses concitoyens, et pour les piquer d'honneur, exalte ce Philippe qu'il vient de traîner dans la boue.

Êtes-vous surpris de voir un homme qui fait campagne, qui prend de la peine, qui est toujours là, et ne laisse passer ni une occasion ni un moment favorable, l'emporter sur nous, gens à délais et à décrets toujours en quête de nouvelles ? Cela ne me surprend pas, et je trouverais au contraire surprenant qu'à négliger tout ce que veut la guerre, nous puissions vaincre celui qui ne néglige rien. Mais avez-vous la folie de croire que cette politique, qui a rendu mauvaise une bonne situation, rendra bonne une situation mauvaise ?

Pourtant les réprimandes sont moins vives que dans la *première Philippique ;* les conseils aussi sont moins détaillés : « Secourons les Olynthiens, envoyons partout des ambassades pour exciter les Grecs contre la Macédoine ; n'en abusons pas cependant. On nous sait beaux parleurs, et on se défie de nous. L'important est d'avoir une armée, et d'appuyer nos discours par des actes. »

Démosthène aurait pu aller plus loin, et proposer de consacrer à la guerre les fonds qui s'engloutissaient dans les caisses du *Théorique.* Mais comment demander au peuple un tel sacrifice ? Suivant un scoliaste, l'assemblée, contre toute tentative de ce genre, avait décrété la peine de mort. Athènes sans doute était moins cruelle que ses lois ; mais nous savons qu'il en coûtait cher de restreindre le budget des fêtes. Un certain Apollodore eut en effet le courage de l'entreprendre et le malheur d'y réussir ; aussitôt il fut poursuivi, et condamné à une amende d'un talent. Si on eût écouté ses accusateurs, qui avaient demandé une peine quinze fois plus forte, Apollodore était ruiné, jeté en prison et privé de ses droits politiques.

Démosthène n'osa pas affronter ce péril ; et il est curieux de le voir, dans la *première Olynthienne*, tourner autour de la redoutable question. Sa phrase s'attarde, molle et nonchalante, avec des répétitions voulues.

Quant à des ressources pour la guerre, les ressources ne vous manquent pas, Athéniens, elles vous manquent moins qu'à personne, mais vous les dissipez comme bon vous semble. Rendez-les à vos troupes, et nous aurons assez ; sinon nous aurons bien peu, disons mieux, nous n'aurons rien. — Quoi ! va-t-on s'écrier, tu veux consacrer ces fonds aux armements ? — Non, par Jupiter ! seulement je pense qu'il faut une armée, qu'à cette armée il faut de l'argent, et qu'une mesure commune doit s'appliquer aux salaires et aux services rendus ; je pense que, sans rien faire, vous n'en recevez pas moins, et dissipez tout en fêtes. Alors que vous reste-t-il ? Un impôt, considérable s'il faut beaucoup, léger si peu doit suffire, mais il faut de l'argent ; sans argent rien ne se peut faire.

Les Athéniens n'avaient garde de comprendre cette ironie discrète. Ils ne touchèrent pas au *Théorique*, et envoyèrent pour combattre Philippe le condottière Charès. Puis, comme les opérations ne marchaient pas, on s'en prit au général, et on lui substitua Charidème, qui, sans doute inquiet

pour ses possessions de Thrace, s'était mis entièrement au service d'Athènes. Violent et sans foi
comme par le passé, il traita les alliés en ennemis,
et l'assemblée dans son embarras rendit sa confiance à Charès, qui ne valait pas mieux.

Ces troupes si mal commandées firent pourtant
assez bonne figure contre les Macédoniens. Comme
l'avait compris Démosthène, la puissance de Philippe traversait une crise ; elle cherchait son équilibre et chancelait sur ses bases. Un effort énergique aurait suffi peut-être pour la renverser. Les
Athéniens se contentèrent de remporter quelques
succès insignifiants, et se crurent autorisés à en
rester là. Alors Démosthène, exaspéré, brûla ses
vaisseaux, et s'attaqua de front à l'organisation
du *Théorique*.

La *troisième Olynthienne* n'a plus le ton des deux
autres ; elle est violente et sombre, pleine de colère, de douleur et d'imagination presque outrée.

Mes pensées, Athéniens, sont bien différentes, suivant
que je considère l'état des affaires, ou les discours des
orateurs : vos orateurs ne parlent que de punir Philippe ;
vos affaires en sont venues à un tel point, qu'il faut tout
d'abord chercher comment, pour notre compte, nous
pourrons éviter un malheur. Aussi, ceux qui vous tiennent
un pareil langage me semblent-ils commettre une faute,

en vous présentant une question qui n'est pas la bonne. Que jadis la ville ait pu et tenir ses possessions à l'abri et punir Philippe, je ne l'ignore pas ; le temps n'est pas loin, et je l'ai vu, où elle pouvait l'un et l'autre. Mais aujourd'hui, veillons tout d'abord, c'est bien assez pour nous, à sauver nos alliés. La chose faite et acquise, on songera aux moyens de punir cet homme. Mais, avant d'avoir assuré le commencement, il est inutile de discourir sur la fin.

Presque aussitôt après, Démosthène raconte les événements qui ont précédé la *première Philippique*. Ce récit calme et sobre, sans exclamations, sans passion apparente, est d'un effet admirable et poignant. On croit par moments entendre la voix lassée de l'orateur.

Vous vous en souvenez, Athéniens, il y a trois ou quatre ans, on nous annonça que Philippe assiégeait en Thrace le fort d'Héræon-Tychos. On était alors en Mémactérion (1). Avec beaucoup de paroles et de bruit, vous décrétez la mise en mer de quarante trirèmes, montées par les hommes au-dessous de quarante-cinq ans, et de plus une contribution de soixante talents. Une année s'écoule, puis Hécatombéon, Métagitnion, Boédromion (2). Dans ce dernier mois, à grand'peine et après les Mystères, vous confiez à Charidème dix vaisseaux vides et cinq talents d'argent. On avait annoncé la maladie de Philippe, et même

(1) Octobre.
(2) Juillet, août, septembre. L'année athénienne commençai en été.

sa mort ; ces deux nouvelles coururent en effet, et croyant
que ce n'était plus le moment d'envoyer un secours, vous
abandonnâtes l'expédition. C'était le moment au contraire,
car si nous étions partis comme nous avions voté, avec
ardeur, il ne vous incommoderait plus, ce Philippe que
nous avons sauvé. Tout ceci est fait, et on n'y peut rien
changer ; mais voici une nouvelle occasion de combattre,
saurez-vous en user, ô Athéniens ?

« Pour défendre Olynthe, il faut renoncer aux
largesses du *Théorique*, rejeter ces aumônes, qui,
semblables aux aliments ordonnés par les méde-
cins, ne rendent point les forces, mais empêchent
seulement de mourir. Trop faibles pour suffire
aux besoins de la vie, elles détournent pourtant
du travail. Si le peuple avait quelque énergie,
abolissant les lois qui protègent le budget des
fêtes, il condamnerait sans appel la politique de
ceux qui le gouvernent. »

« Que font-ils en effet, ces hommes ? Quelles
victoires remportent-ils pour Athènes ? Leurs trophées sont des chemins réparés, des créneaux
reblanchis, et d'autres bagatelles de ce genre.
Mais ils flattent le peuple pour s'élever au-dessus
de lui. Les orateurs viennent dire à la tribune :
« Que désirez-vous ? Que faut-il vous proposer ?
En quoi puis-je vous être agréable ? » Les posses-

sions de la cité, l'honneur national, la faveur de l'assemblée, sont comme ces cadeaux qui s'échangent, la coupe à la main, dans une orgie. Et les citoyens se réjouissent ! Quelques oboles leur suffisent, pourvu qu'ils restent sans rien faire, demandant parfois du bout des lèvres : « Un tel a-t-il vaincu avec ses troupes mercenaires ? » Si on allait au fond des choses, on verrait combien cette vie est misérable. »

Vous, le peuple d'Athènes, on vous coupe les nerfs, on vous enlève tout, argent, alliés ; vous êtes des valets, vous faites nombre, trop heureux que ces gens-là vous laissent participer au *Théorique*, ou organisent une procession pour les *Boédromies* (1). Quelle grandeur d'âme ! Ils vous donnent votre bien, et vous êtes reconnaissants ! Ils vous enferment dans votre ville, et vous mènent à cette curée, et vous apprivoisent pour vous avoir toujours sous la main. Mais comment s'élever à des pensées nobles et généreuses, quand on vise toujours à un but médiocre et petit ? Chez les hommes, c'est une loi que l'âme se plie aux habitudes. Par Cérès ! et je n'en serais pas surpris, vos misères pourraient me coûter plus cher à moi qui vous les rappelle, qu'à vos orateurs qui les ont faites. Car la franchise n'est pas toujours de saison avec vous, et je m'étonne aujourd'hui de votre patience.

L'éloquence de Démosthène n'attira pas sur

(1) Fête qui donna son nom au mois de Boédromion.

lui la colère des Athéniens : elle n'eut pas même
ce résultat. Une guerre entreprise malgré ses
conseils, pour soutenir en Eubée le tyran Plutarque, absorbait alors toutes les forces de la république. A la longue pourtant on finit par prendre
un parti. Quand Philippe, vainqueur des Olynthiens,
eut bloqué leur ville, en déclarant à leurs parlementaires qu'un des deux adversaires devait
quitter la Macédoine, le peuple, devant les supplications des assiégés, leur envoya sur une flotte
une armée de citoyens. Mais les vents retardèrent
sa marche. Arrivée en Chalcidique, elle trouva
l'ennemi dans la place, que lui avait livrée la
trahison.

Philippe fut impitoyable, beaucoup moins par
passion que par politique. Massacrés, vendus
comme esclaves, privés de leurs biens, les vaincus montrèrent aux autres peuples ce qu'il en
coûtait de défendre son indépendance. Soit peur,
soit convoitise, beaucoup de gens venaient déjà en
Macédoine faire la cour au Barbare. Quelques-
uns prirent part aux fêtes où fut célébrée la ruine
d'une ville hellénique, et ne rougirent pas d'accepter comme esclaves des citoyens d'Olynthe.

Athènes eut le courage de manifester son indignation. Elle maudit les traîtres qui avaient vendu leur patrie, et accorda le droit de cité aux victimes de la guerre. Eubule même fut effrayé ; et c'est sur sa proposition que plusieurs députés allèrent dans toute l'Hellade prêcher la résistance. Bien que naguère Démosthène eût conseillé ces ambassades, il resta à l'écart. Peut-être jugea-t-il le moment mal choisi, et la tentative à la fois tardive et prématurée ; peut-être ne voulut-on pas l'employer.

On commençait pourtant à le connaître. Une *chorégie* dont il demanda à faire les frais, avait augmenté son crédit. Peu après, le tirage au sort lui ouvrait le conseil des Cinq-Cents. Sa popularité grandissante portait ombrage aux gouvernants d'Athènes. Insulté, sifflé, arraché même de la tribune, il pouvait mesurer son pouvoir à la rage croissante de ses adversaires.

Parmi eux, le plus acharné était un certain Midias, personnage insolent et brutal, qui se croyait au-dessus des lois par sa fortune et ses relations. Midias détestait Démosthène de longue date, ayant eu envers lui des torts très graves qu'il ne lui pardonna jamais. Son amitié pour Aphobos l'avait mêlé aux affaires de tutelle, où il suscita mille embarras à l'orphelin, enfonçant les portes de sa maison, insultant sa sœur et sa mère. De là un ressentiment que l'antagonisme politique vint accroître. On ne pouvait s'ignorer dans une ville de médiocre étendue et où la vie se passait presque entièrement au grand air. A se rencontrer sans cesse, à échanger des demi-mots blessants et des regards hostiles, la haine devait amener un éclat. Midias était au nombre des aboyeurs qui cherchaient à couvrir la voix de Démosthène ; et sa rage fut au comble lorsqu'il le vit, aux applaudissements de la foule, se charger des fonctions de chorège pour une fête qui se préparait.

Dès lors, il met tout en œuvre afin de l'empêcher de réussir ; il va de nuit chez l'orfèvre détruire les ornements et les couronnes destinés à ses choristes, il débauche le musicien chargé de les instruire, et enfin rencontrant son ennemi le jour de la représentation, il le soufflette en plein théâtre. Même à Athènes, une pareille violence ne pouvait rester impunie. Déjà en pareil cas l'insulté avait tué l'offenseur sur la place. Démosthène ne put, ou n'osa pas en faire autant, et recourut aux tribunaux, car, en matière d'honneur, une sentence judiciaire passait pour une réparation suffisante. Le peuple était très hostile à Midias ; il le couvrit de huées, et au théâtre même, le lendemain de la fête, lui infligea un vote de blâme. Devant ces manifestations significatives, l'ami d'Eubule commença à perdre de son assurance et parla de compensations pécuniaires. Repoussé, il attaqua pour donner le change, suivant la tactique des plaideurs athéniens. Mais Démosthène se justifia aisément des inculpations de désertion et d'homicide lancées contre lui ; et débarrassé de cet incident, il écrivit son *plaidoyer contre Midias*.

Dès son exorde, sa passion éclate : « Généralement, dit-il, c'est à l'accusé de supplier ses juges, mais je puis aujourd'hui adresser, moi aussi, des prières au tribunal, car je vais parler pour ma défense. Quelle ne sera pas en effet mon infortune, si, après avoir subi une telle injure, il m'est impossible de me venger ? » Suit un récit véhément et rapide des violences commises par Midias. En énumérant tous ces détails odieux, l'orateur s'échauffe ; sa parole devient ardente, brève, hachée, presque incorrecte ; elle suffit à peine à sa colère.

Mais l'homme qui a frémi sous l'outrage est un avocat qui sait en tirer parti : « Tout aggrave la conduite de l'accusé : la douceur d'Athènes, qui interdit de maltraiter même un esclave, le caractère sacré qui rend les *chorèges* inviolables, la trêve qui pendant les fêtes suspend jusqu'à l'exécution des sentences des tribunaux. Injustice, préméditation, brutalité, que manque-t-il à l'insulte dont Midias s'est rendu coupable ? »

Ce n'est pas d'être frappé qui est dur pour un homme libre, Athéniens, et pourtant cela est dur, mais d'être frappé outrageusement. Lorsqu'un homme en frappe un autre, il y a une foule de circonstances que l'outragé même ne peut exprimer à personne, le geste, le regard, la voix. L'agresseur a-t-il voulu outrager ? est-ce un ennemi qui a frappé ? Est-ce le poing fermé ? est-ce au visage ? Voilà ce qui transporte les hommes, Athéniens, et les met hors d'eux-mêmes, quand ils ne sont pas habitués à tout souffrir. On a beau faire, le récit d'un événement ne suffit pas à en montrer toute l'horreur. Il faut la vie, le mouvement de l'acte qui se commet.

« Mais Démosthène avait peut-être provoqué Midias ! Non, c'est lui qui depuis l'enfance est en butte à ses attaques. Comment ce digne ami d'Aphobos s'est conduit, pendant les affaires de tutelle, quelques Athéniens s'en souviennent encore. Cité devant le tribunal et condamné à une amende, il ne l'a jamais payée. Ne pouvant cor-

rompre l'arbitre, il l'a attaqué sournoisement.
Désormais ce malheureux, dont le seul crime est
d'avoir respecté son serment, sera déchu du titre
de citoyen, et réduit au silence. Mais son silence
est plus éloquent que des protestations indi-
gnées. L'orateur l'amène à la barre, et s'écrie : »

Cet homme, Athéniens, est pauvre peut-être, mais il
n'est pas mauvais ;.... il a fait toutes les campagnes exi-
gées des hommes de son âge, et n'a jamais commis aucun
délit. Aujourd'hui, le voilà muet ; outre les biens qui
nous sont communs à tous, il a perdu jusqu'au droit de
parler et de se plaindre. A-t-il été frappé à tort ou à
raison, il ne peut pas même vous le dire. Voilà où l'a
réduit Midias, l'opulence et l'arrogance de Midias, parce
que c'était un pauvre homme, isolé, et perdu dans la
foule !

Ces quelques mots jettent une vive lumière sur
la haine qui, dans toute ville grecque, sépare en
deux classes les riches et les pauvres. Entre l'in-
digent qui vit du *triobole* et l'opulent propriétaire
de biens-fonds ou d'ateliers, s'élève une barrière
que ne peut abaisser le travail libre, tenu en petite
estime, et condamné d'avance à l'insuccès par la
concurrence des esclaves. Les riches aujourd'hui
sont pour Eubule et Midias. Au jour des plaidoiries, ils l'entoureront comme d'un rempart, sou-

tenus par une garde de mercenaires, qui, debout auprès de l'accusé, approuveront du geste tous ses mensonges. Démosthène prévoit les obstacles qu'on sèmera sur ses pas. Comment en venir à bout ? En mettant de son côté les pauvres qui forment la majorité dans les tribunaux. Devant ces *héliastes*, petits bourgeois pour la plupart, et rapportant le soir, ainsi que le Philocléon de la vieille comédie, leur salaire dans la bouche, le riche, et surtout le riche insolent, courait le risque d'une condamnation sévère. Cette jalousie toujours en arrêt, comme l'aiguillon des guêpes d'Aristophane, Démosthène, dans la *troisième Olynthienne*, a déjà cherché à s'en faire une arme. Aujourd'hui, enflammé par la haine, réduit à l'impuissance par une de ces coalitions qui sont la défense des minorités, mal secondé par une foule besoigneuse que les largesses d'Eubule ont gagnée à la cause des riches, il passe toutes les bornes, s'adresse aux plus mauvaises passions, et d'orateur devient tribun.

Si ces gens, ce qu'à Dieu ne plaise, et ce qui ne sera jamais, devenaient les maîtres du gouvernement avec Midias et les siens, supposez que l'un de vous autres, un homme du peuple, ait commis contre eux un délit, je ne

dis pas un délit tel que ceux de Midias à mon égard, mais
un autre quelconque. Ils composent le jury, l'accusé vient
en leur présence. Lui pardonneront-ils ? Le laisseront-ils
parler ? On lui fera grâce, n'est-ce pas ? on écoutera les
prières de l'homme du peuple ; on ne lui criera pas tout
d'abord : « Quel envieux, quelle peste ! Lui, outrager les
autres, et respirer librement ! Si on lui laisse la vie, il doit
s'estimer bien heureux. »

« Voilà comment nous traiteront les riches,
traitons-les de même. Condamnons ce Midias
qui semble accumuler en sa personne toutes les
insolences de son parti, frappant l'un, calomniant
l'autre, bravant tout le monde. Orateur, il outrage l'assemblée ; soldat, il raille ses compagnons
d'armes, lui, ce général de cavalerie qui n'a
jamais pu se tenir en selle ! Depuis son procès, son
outrecuidance n'a fait que s'accroître. Il parle, il
injurie, il crie. On fait une élection, Midias est
candidat. Patron du tyran Plutarque, et remplis-
sant la ville de son insolence, on le voit traîner
sur l'*Agora* trois ou quatre esclaves, et parler
très haut de sa riche vaisselle, afin d'humilier les
passants. Ne connaît-on pas cet attelage de chevaux blancs dont il est si fier, et cette grande
maison qui couvre tout Eleusis de son ombre ?
Un homme si opulent devrait combler Athènes

de ses dons; et en effet Midias vante sans cesse
sa générosité. Toute la ville en a les oreilles
rebattues. Mais allons au fond des choses, et
nous verrons qu'il n'a pas fait pour le peuple
autant que Démosthène, bien plus jeune et bien
moins riche pourtant. Sans doute il a offert à
l'Etat une galère, et a tenu à la commander. D'où
vient ce patriotisme subit ? C'est qu'alors on voulait l'envoyer à la tête d'un corps de cavaliers. »

« D'ailleurs, eût-il donné dix fois davantage,
ses bienfaits ne pourraient le faire absoudre. On a
bien souvent rendu service à la république,
mais jamais on n'a obtenu comme récompense le
droit de l'insulter impunément. Ce droit, Midias
se l'arroge depuis longtemps, et il faudrait enfin
faire justice de ses prétentions. Ah ! s'écrie l'orateur dans un transport de haine, le voilà devant
vous, riche, audacieux, le front haut, le verbe
haut, violent, impudent ; où le reprendrez-vous
s'il vous échappe aujourd'hui ! »

Jamais nous n'avons vu s'afficher avec tant de
franchise et d'abandon, la haine implacable que
les anciens regardaient presque comme une
vertu. Choqués par toutes ces invectives, nous
lisons avec soulagement la péroraison où l'avocat

se calme et s'élève au-dessus de la cause, tout en restant familier. Aux supplications de l'accusé et aux larmes de ses enfants, il oppose d'avance, en les appelant à ses côtés, les lois d'Athènes, ces lois si sages que chacun doit défendre, afin de s'assurer un jour leur protection.

Sans doute c'est moi que hait Midias, cela se peut. mais chacun de vous n'a-t-il pas un ennemi qui le hait ? Le laisserez-vous, cet ennemi, quel qu'il soit, libre de traiter chacun de nous comme Midias m'a traité ? Je ne le crois pas. Eh bien ! moi non plus, ne me livrez pas en proie à Midias. Voyez : dans un instant le tribunal va se lever, chacun de vous retournera chez lui, l'un plus vite peut-être, l'autre à pas plus lents, sans s'inquiéter, sans tourner la tête, sans rien craindre. Rencontrera-t-il un ami ou un ennemi ? Est-il lui-même grand ou petit, vigoureux ou débile ? il n'y songe pas, et pourquoi ? Parce qu'au fond de son âme, ferme et confiant dans les lois de la cité, il sait qu'il ne sera ni saisi, ni outragé, ni frappé. Eh bien ! cette sécurité que vous emportez avec vous, vous éloignerez-vous sans me la garantir ? Ce qui fait votre force quand vous siégez ici, ce n'est pas de vous tenir en armes et en bataille au milieu de tous les autres, ni d'être robustes et vigoureux entre tous, ni de vous trouver à la fleur de l'âge. Non, rien de pareil ; c'est uniquement la force des lois. Qu'est-ce que la force des lois ? Si quelqu'un reçoit une injure et crie au secours, accourent-elles pour le protéger ? Non, ce ne sont que des caractères d'écriture, elles ne peuvent faire cela ; où donc est leur pouvoir ? Il est dans l'appui que vous leur donnez. Vous faites donc la force des lois, comme elles font la vôtre. Il faut par conséquent les défendre comme vous-mêmes, et bien comprendre que les enfreindre, c'est s'attaquer à tout le monde.

Ce discours semblerait plus beau s'il avait été prononcé. Démosthène, en échange de trente *mines*, laissa tomber l'accusation. Plus tard ses ennemis le lui reprochèrent cruellement : « Ce misérable, disent-ils, a vendu sa propre vengeance et le vote du peuple. Trafiquant des insultes dont on l'accable, il en tire des revenus, et porte sur les épaules, non pas une tête, mais un capital. »

La haine politique peut tenir ce langage ; mais on s'expliquera mal qu'un homme aussi ardent et d'un caractère si difficile ait renoncé pour quelque argent à la joie d'accabler son ennemi. Sans doute il crut la victoire impossible, et préféra battre en retraite. Peut-être eut-il une autre raison. La chute d'Olynthe avait modifié ses idées. Après la perte d'un tel point d'appui sur les côtes de Macédoine, mieux valait suspendre les hostilités et se préparer pour une occasion plus favorable. Eubule, revenu bien vite à sa pratique habituelle, pensait à peu près de même, et fut ravi sans doute de conclure une trêve avec un homme incommode et dangereux, qui, en ce moment, tenait suspendu le glaive sur la tête d'un des siens. Stipula-t-il que Démosthène renoncerait au procès, et qu'en échange on cesserait de lui tenir rigueur ? Je ne sais ; mais, quelque temps après son désistement, l'orateur d'opposition fut mis dans l'ambassade que le parti alors au pouvoir envoyait à Philippe. C'était la première fois qu'il obtenait un pareil honneur.

# CHAPITRE IV.

### DÉMOSTHÈNE ET ESCHINE. — LE DISCOURS SUR L'AMBASSADE.

Au moment où Démosthène quitta l'Attique, tous les partis s'unissaient dans une même espérance. Enfin l'on allait mettre un terme à une guerre honteuse et mal conduite ; la conclusion de la paix était certaine, Philippe la désirait comme les autres ; et sans doute satisfait de ses conquêtes, il voulait entrer maintenant dans le concert des nations helléniques. Pleins de ces pensées rassurantes, les ambassadeurs firent preuve d'un zèle inaccoutumé ; ils prirent la mer, entrèrent dans la ville d'Halos, alors investie par les troupes macédoniennes, sortirent des remparts pour s'entendre avec l'assiégeant, traversèrent l'armée ennemie, et arrivèrent à la cour de Philippe.

Le promoteur de la paix, Philocrate, semblait désigné pour parler et agir au nom d'Athènes ; mais ce personnage brutal, sans moralité ni talent, fut éclipsé par un homme des plus habiles, qui commençait alors à attirer l'attention : je veux parler d'Eschine.

Eschine et Démosthène sont inséparables et pourtant contraires ; ils font songer à ces Hermès où la fantaisie grecque accolait nuque à nuque deux têtes de caractère opposé. Cet orateur illustre et presque grand, qui tient une si large place dans l'histoire de cette époque, nous est assez peu connu ; nous n'avons guère sur son compte que deux témoignages également suspects, le sien et celui de Démosthène. Néanmoins la logique enflammée de l'attaque nous touche plus que l'adresse fuyante de la défense ; et l'ami de Philippe portera toujours au front une flétrissure ineffaçable.

Ses débuts furent humbles et obscurs ; la famille, jadis à l'aise, vivait de petits métiers et d'expédients ; le père, athlète aux temps de sa fortune, et, après l'avoir perdue, maître d'école ; la mère, prêtresse de je ne sais quel culte méprisé des Athéniens. Tandis qu'elle initiait pour quelques oboles les vieilles femmes de la ville, l'enfant lisait le grimoire et aidait aux purifications. Comme son rival, il fut mis de bonne heure aux prises avec les difficultés de la vie. Il ne sortit pas de l'épreuve aguerri et portant haut le cœur, mais dénué de scrupules et désireux de parvenir. Il aimait sa famille, ses discours en sont la preuve. Courageux et beau soldat, il fut choisi par Phocion, après un combat, pour aller, la couronne en tête, annoncer la victoire. Mais son âme était vaniteuse et molle, son esprit plus brillant que vigoureux. Cherchant à gagner sa vie, il commence par flotter à l'aventure et guetter l'occasion. D'abord acteur, la scène lui apprend à mesurer ses gestes, et à conduire sa voix. Les tragiques du cinquième siècle, et surtout Euripide, ce grand raisonneur, sont ses maîtres d'éloquence : il les citera souvent, et les imitera toujours. Nous le voyons ensuite greffier du sénat et du peuple. Mais son intelligence et son ambition s'impatientent bientôt de ces emplois subalternes. Du pupitre il passe à la tribune ; il était scribe, le voilà orateur.

Olynthe alors venait de tomber ; Athènes était en proie à une douloureuse indignation. Eschine comme les autres fut gagné par cette fièvre belliqueuse, et alla dans les villes grecques dénoncer l'ambition macédonienne. Démosthène, qui à ce moment jugeait la lutte intempestive, a raillé plus tard ce patriotisme d'occasion et ces tirades déclamatoires :

Qui donc s'écriait : « Philippe s'assure de la Grèce et du Péloponèse, et vous dormez ! » ; qui prononçait tous ces beaux et longs discours ; qui faisait lire les décrets de Miltiade et de Thémistocle, et le serment des éphèbes, conservé dans le temple d'Aglaure ? N'est-ce pas lui ? Qui vous conseillait d'envoyer des députations jusqu'aux confins de la mer Rouge? « Philippe, disait-il, trame la perte de la Grèce ; c'est à nous de veiller, et de ne pas abandonner les intérêts des Grecs. »

Ainsi, à leur première rencontre, ces deux hommes soutenaient l'un et l'autre les idées qu'ils combattront plus tard ; et déjà la destinée ne leur permettait pas de s'entendre. Athènes peu après les employa dans une même ambassade. Toujours ombrageuse, elle redoutait de confier à un seul citoyen, et peut-être même à un seul parti, la défense de ses intérêts ; et la tâche si délicate de négocier était remise à ce que nous appellerions, faute d'un meilleur mot, des commissions parlementaires. Dix ou douze délégués, séparés trop souvent de caractères et de convictions, discutaient, tergiversaient, et parfois s'injuriaient sous l'œil de l'ennemi.

Les envoyés portèrent la parole par rang d'âge.

Eschine fit valoir les droits de sa patrie à la reconnaissance de la Macédoine ; et pour appuyer ses réclamations, ne manqua pas de rappeler la légende de Thésée et de son fils Acamas. Sa rhétorique pompeuse et vague, mais élégante, fut très goûtée à la cour de Pella. Démosthène, avec un tout autre talent, avait moins d'esprit et de grâce. Quand vint son tour, pris d'un accès subit de timidité, il se troubla et resta court en face de Philippe. Eschine n'a pas manqué d'en triompher.

Ce méchant animal débite en mourant de peur un exorde ténébreux, fait quelques pas dans son sujet; puis tout d'un coup s'arrête, se déconcerte, et ne peut retrouver la parole. Le roi le voyant dans cet état, l'encourage, lui dit qu'il ne doit pas croire avoir éprouvé une disgrâce, comme un acteur sur le théâtre, et lui conseille de rappeler tranquillement et peu à peu sa mémoire, et de poursuivre. Mais une fois troublé, une fois le fil de son écrit perdu, il ne put se remettre, et ne recommença que pour s'arrêter encore. Comme personne ne disait plus rien, le héraut nous fit retirer.

On voit la scène : Philippe gracieux mais ironique, Démosthène mécontent des autres et de lui-même, et d'autant plus embarrassé. Ce haut esprit, ses admirateurs sont obligés de le reconnaître, n'avait pas l'adresse et le don d'insinuation nécessaires pour négocier. Eschine au contraire se trouva tout à fait à l'aise à Pella. Avec sa noble prestance, sa parole fleurie, sa vanité naïve, il était fait pour se plaire au métier de courtisan, et pour y réussir. En quête de sa voie, il avait été d'instinct vers la puissance et la richesse ; et d'Eubule à Philippe, la transition lui fut aisée. Jadis le mépris du despotisme doublait le patriotisme des Grecs ; mais le roi de Macédoine n'était pas un Xerxès, et les Athéniens ne pouvaient plus mépriser leur adversaire. Du reste, la vieille fierté républicaine avait fait place à d'autres mœurs. Ajoutons que la jalousie ne pouvait manquer de séparer deux rivaux d'éloquence : il suffisait à Eschine, pour renoncer aux idées belliqueuses, qu'elles fussent soutenues par Démosthène avec trop de vigueur et d'éclat. Philippe vit tout de suite le parti qu'il pouvait tirer d'un tel homme ; dans un pays où tout se faisait au grand jour, et par l'opinion, il n'avait pas besoin d'espions, mais il lui fallait des orateurs. Les derniers scrupules d'Eschine ne résistèrent pas à ses largesses ; et au retour, le patriote de la veille avait la trahison dans le cœur.

Quelles seraient les conditions de la paix ? Des

pourparlers s'ouvrirent à Athènes, et trois ambassadeurs macédoniens se rendirent dans l'assemblée ; deux d'entre eux étaient Antipater et Parménion, familiers du roi et généraux du plus haut mérite. Pour déjouer les calculs d'une politique systématiquement envahissante, Démosthène voulait étendre le bénéfice des négociations aux habitants d'Halos en Thessalie, et surtout aux Phocidiens, dont l'hostilité persistante contre Thèbes avait eu déjà de si funestes conséquences. Sur ces deux points les députés réservèrent la liberté d'action de leur maître. La discussion fut très vive ; Eschine déclara qu'il ne fallait pas, par amour d'une vaine gloire, perdre la république, et Eubule vint à son aide : « Si vous êtes intraitables, dit-il à ses auditeurs, renoncez aux distributions du *Théorique*, montez sur vos galères, et prenez immédiatement la mer. » Sommé de choisir entre son salut et son repos, le peuple accepta les conditions offertes.

Une ambassade, composée comme la précédente, fut chargée d'aller recevoir les serments du roi. Elle attendit plus de quinze jours pour quitter la ville, voyagea sans se presser, et demeura paisiblement à Pella, tandis que les Macédoniens réduisaient la Thrace. Son souverain, l'ami d'Athènes, Kersoblepte, ne fut plus qu'un vassal. La paix conclue, Philippe voulut garder avec lui ces utiles auxiliaires, et les emmena en Thessalie, à la suite de son armée. Ils lui formaient comme une escorte d'honneur, de plus en plus gagnée aux intérêts d'un prince si généreux. Pendant ce temps, Athènes, hésitante et trompée par un rapport inexact, restait suspendue au retour de ses députés.

Soixante-dix jours après leur départ, ils revinrent ; et libre enfin de parler à cœur ouvert, Démosthène éclata. En vain il avait lutté contre ses collègues, et demandé qu'on le laissât partir seul. Il fallait maintenant infliger aux coupables un blâme sévère, et fermer à Philippe la Phocide, but véritable de son expédition. Le conseil des Cinq-Cents fut de cet avis, mais devant l'assemblée la scène changea ; l'ennemi avait maintenant dans la place un avocat qui ne craignait pas de s'engager pour lui : « Le roi, dit Eschine, nous aime, et déteste comme nous les Thébains. Il dissimule ses intentions ; mais vous le verrez bientôt, par un merveilleux coup de théâtre, combattre pour vous et écraser vos adversaires,

Sachons pénétrer ses intentions, et ne décourageons pas un homme qui veut nous servir. » Et comme Démosthène répliquait qu'il ne connaissait rien de ces projets : « Quoi d'étonnant, ripostait Philocrate, qui se croyait plaisant, nous sommes buveurs de vin et ne pouvons nous entendre avec un buveur d'eau comme toi. »

Le peuple ne prêta pas grande attention aux avertissements du patriote. Négligent une fois de plus, il eut bientôt à s'en repentir; Philippe entra sans coup férir à Delphes. Après dix ans d'efforts, il recueillait les fruits de sa politique; Thèbes et la Thessalie, dont il venait de rassurer les craintes, et de satisfaire les rancunes, lui abandonnèrent les privilèges des vieilles cités helléniques, le droit de consulter l'oracle avant tous, et celui de siéger dans le conseil sacré des *Amphictyons*. Quand l'assemblée reconstituée se réunit pour la première fois, les représentants d'Athènes et de Sparte n'y furent pas convoqués. Les deux plus grandes villes de la Grèce étaient mises en interdit.

Ce dernier outrage combla la mesure, et l'irritation était très vive sur le *Pnyx*, quand on vit arriver une ambassade macédonienne.

Philippe demandait à ses ennemis d'approuver ses usurpations, et d'acquiescer à leur défaite. Ces prétentions rencontrèrent l'accueil le plus hostile. Eschine essaya de les soutenir, sa voix fut couverte par les huées de l'auditoire. Sans réfléchir, sous le coup d'une indignation légitime, on allait faire la folie de se lancer dans la guerre. C'eût été le signal d'une croisade contre la ville impie, qui avait voulu protéger les brigands de Phocide, et refusait de souscrire à leur condamnation; mais le patriotisme de Démosthène veillait. Son *discours pour la paix*, prononcé dans ces tristes circonstances, et tout pénétré d'honnêteté et de sagesse, est d'un bon et courageux citoyen. Cet homme qu'on appellera ironiquement le *mangeur de lances et de catapultes*, montre que, pour sauver la patrie, il sait tout supporter, le reproche d'inconséquence, et même la honte. Le spectacle est nouveau, fait pour surprendre, et peut-être même pour choquer le peuple. Aussi l'orateur veut-il préparer les esprits, et montre longuement dans son exorde, combien de fois on s'est mal trouvé de négliger ses conseils : « Malgré moi, Athènes est allée chercher fortune en Eubée, pour n'y trouver que la trahison et les défaites. Malgré moi, on a laissé l'armée macédonienne s'avancer vers les Phocidiens; les ruines de leurs villes fument encore. Récemment, j'attaquais l'acteur, ou plutôt l'espion Satyros. Cet homme fut même traduit devant le peuple. Si vous eussiez assisté à une tragédie dans le temple de Bacchus, et non à une délibération sur le salut de l'Etat et les intérêts publics, vous n'eussiez pu nous entendre, lui avec plus de faveur, moi avec plus d'aversion. Et comment Satyros a-t-il reconnu la bienveillance de ses hôtes ? Il a réalisé tous les biens qu'il possédait en Attique, et s'est retiré près de Philippe, son maître et son patron. »

Les démocraties n'aiment guère ces apologies personnelles, Démosthène doit se faire pardonner tant de pénétration ; il s'excuse avec une modestie hautaine et sombre.

Si, dans toutes ces occasions, il est manifeste que j'ai, mieux que les autres, pénétré l'avenir, dans aucune je ne prétends trouver une marque de sagacité, ou une matière à fanfaronnades. Ces vues et ces pressentiments, je les rapporte à deux causes, que je vais vous indiquer : la première est la Fortune, plus puissante, je le sais, que toute l'habileté et la sagesse humaine. — Et la seconde ? — Je ne reçois point d'argent quand j'examine ou juge vos

affaires, et nul ne pourrait montrer aucun profit attaché
à ma politique et à mes discours. Nettement, et tel qu'il
ressort des choses mêmes, le bon parti se présente à moi.
Mais si d'un côté tu mets de l'argent comme dans une
balance, le plateau trébuche et entraîne avec lui ton raisonnement. Agir ainsi c'est renoncer à la vue saine e
droite des choses.

La question qui fait le fond du discours est
tranchée en quelques mots : « Ne fournissons
pas à nos ennemis le prétexte qu'ils attendent,
tenons-nous-en à la paix que nous venons de
conclure. Elle est fâcheuse et indigne de la république, mais une rupture serait funeste. » L'orateur n'insiste pas sur ces idées trop évidentes, son
patriotisme met sa fierté à une rude épreuve. Il
lui est douloureux de défendre contre ses amis
l'œuvre d'un adversaire :

Quoi ! direz-vous, agir par ordre et par crainte !
Et c'est toi, Démosthène, qui le proposes !— Il s'en faut
de beaucoup. Ne rien faire qui soit indigne de nous, et pourtant éviter la guerre ; montrer à tous notre bon sens, et
la convenance de notre réponse : voilà ce que commande,
à mon avis, la situation. Quant à ces hardis personnages,
qui ne veulent rien supporter, et ferment les yeux sur
la guerre, écoutez comme je raisonne avec eux : nous
laissons Orope aux Thébains. Qu'on nous demande pourquoi, en nous priant de dire la vérité, nous répondrons :
«Pour n'avoir pas la guerre. » Nous venons d'abandonner

par traité Amphipolis à Philippe, nous souffrons que le
Carien s'empare des Iles, de Chios, de Cos et de Rhodes,
que les Byzantins saisissent nos vaisseaux ; sans doute
parce qu'il nous semble plus avantageux de vivre en paix
et en repos, que de provoquer pour ces divers motifs
des collisions et des querelles. Il serait donc stupide et
tout à fait misérable de nous être conduits de la sorte
avec chacun de ces peuples, quand il s'agissait de nos
biens et de nos possessions les plus chères, et maintenant,
pour une ombre dans Delphes, d'aller nous mettre en
guerre avec tous.

Présentés avec cette autorité saisissante, ces
sages conseils portèrent coup ; Philippe obtint la
satisfaction qu'il réclamait, et perdit tout prétexte
d'attaque. A l'automne il rentra en Macédoine.
Tel fut le triste épilogue des négociations ouvertes
par Philocrate. La paix avait été plus funeste
encore que la guerre ; si Athènes échappait au sort
de la Phocide, elle restait diminuée et affaiblie.
Sans doute les citoyens étaient coupables, mais
plus qu'eux les conseillers de malheur qui
s'étaient laissé acheter. Ne pouvant les poursuivre tous, Démosthène s'en prit au plus dangereux.

Dès son retour de l'ambassade, il avait déposé
une plainte contre Eschine. Il resta trois années
sans agir, jugeant que le peuple serait édifié sur

la moralité des ambassadeurs par les résultats de leur politique. Peut-être aussi craignait-il d'irriter Philippe, et de rallumer la guerre. L'accusé, du reste, était encore moins pressé que l'accusateur. Il entassa sur sa route mille difficultés, espérant ainsi détourner le coup, et en tout cas laisser l'affaire se *refroidir*.

Son habileté fut d'abord de confondre les deux ambassades, et de soutenir que ses comptes, acceptés pour la première, le mettaient à couvert pour la seconde. Battu sur ce point, il découvrit un terrain qui lui permettait l'offensive. Démosthène s'était allié pour le combattre avec un certain Timarque, bon orateur, mais universellement décrié. Eschine s'arma d'une vieille loi, et demanda que Timarque fût condamné pour attentat aux mœurs. Son discours est un chef-d'œuvre d'esprit et de finesse mordante, et Démosthène n'y est pas épargné. Dans la crainte qu'il n'intervienne, Eschine essaie de l'accabler d'avance. Reconnaîtrions-nous l'auteur des Philippiques sous les traits de ce praticien sans scrupule qu'on nous montre enseignant à la jeunesse toutes les ruses de l'art oratoire, ne songeant qu'à grossir son patrimoine, et poursuivant de ses obsessions les riches orphelins ? Mais, malgré tout, l'admiration perce sous ces insultes, et elles valent bien des éloges.

Sur sa demande, quelques disciples sont venus l'entendre. Spéculant à vos dépens, il leur annonce, me dit-on, que par ses ruses il fera dévier le débat et votre attention. A sa vue l'accusé reprendra courage, l'accusateur épouvanté tremblera pour lui-même ; et quant aux juges, la lecture de mes anciens discours et une diatribe contre la paix que j'ai conclue de concert avec Philocrate, soulèveront en eux de tels transports que je n'oserai pas me présenter pour me défendre, et rendre compte de mon ambassade, trop heureux de m'en tirer avec une peine ordinaire, et d'échapper au dernier supplice. Il ne faut pas, ô juges, qu'un tel sophiste puisse rire et s'amuser de vous ! Figurez-vous Démosthène, rentrant chez lui au sortir du tribunal, se pavanant au milieu de cette jeunesse, et montrant par le menu comment il a su escamoter l'affaire : « Je les ai entraînés bien loin de Timarque et de ce qu'on lui reproche, je me suis jeté sur l'accusateur, sur Philippe, sur les Phocidiens, et j'ai fait planer la terreur sur tout l'auditoire ; l'accusé attaque, l'accusateur devient un prévenu, les juges oublient la question qu'ils avaient à trancher, et en examinent une autre qui n'est pas de leur compétence. »

Ces sarcasmes furent lancés en pure perte; Démosthène était trop habile pour se charger d'une si mauvaise cause. Il abandonna Timarque à la mort civile, et attendit une meilleure occasion. Peu à peu le parti macédonien perdait de son influence. Eschine, deux ans après l'ambassade, s'en aperçut quand il essaya de sauver un certain Antiphon, qui avait voulu incendier l'arsenal. L'assemblée du peuple fit grâce, mais l'*Aréopage* intervint, et livra aux tribunaux le coupable, qui fut exécuté ; un sérieux discrédit pesa désormais sur son défenseur. Quelque temps après, c'est Philocrate qu'on appela à rendre compte de sa conduite ; il n'osa pas affronter ceux qu'il avait trahis ; sa fuite était un aveu, et on le condamna à mort par contumace. Alors Démosthène jugea le moment venu.

Le *Discours sur l'ambassade* ouvre la lutte entre Démosthène et Eschine ; elle se terminera par le *Discours de la Couronne*. L'antiquité se passionnait pour ces *batailles d'orateurs;* et à juste titre, car elles unissaient à la gravité d'une discussion politique l'intérêt d'un procès criminel et le charme d'un concours littéraire. Aussi, le jour venu, outre les cinq cents ou mille héliastes, une foule nombreuse occupe l'enceinte du tribunal. Dans la clepsydre qui mesure le temps aux plaideurs, le greffier fait verser onze amphores ; pourtant la longueur de la séance n'effraie personne. Entendre est pour les Grecs un plaisir presque aussi vif que de parler ; et quel régal de voir se mesurer les deux gloires de la tribune !

Rien de plus différent que les deux champions. Eschine, *la Sirène*, séduisant et perfide, combat avec grâce et sans effort. Dans ce duel, c'est le rétiaire léger, qui se dérobe, et avec un éclat de rire, lance de loin son filet. Quintilien lui reproche, non sans raison, d'avoir plus de chair que de muscles ; mais son esprit est bien délicat, sa passion bien pénétrante. Ses images sont d'un poète et quelquefois d'un acteur. Partout de l'éclat et de la lumière; bien qu'artisan de mensonges, il semble rechercher le grand jour. Le corps, chez lui, parle au corps ; ses traits réguliers, sa voix puissante, ravissent un peuple d'artistes. Habitué de la palestre, et rompu dès l'enfance aux gestes savamment rhythmés, il imite, à l'exemple de Phocion, l'attitude sévère de Périclès, qui dominait les foules, la main pleine de foudres, mais le calme au front, comme Jupiter. « La belle statue ! » dira plus tard son grand rival, qui ne peut se retenir de l'admirer.

Eschine est un talent facile et souple, Démos-

thène un génie qui se travaille. Il se défie des
hasards de l'improvisation, et ses discours sentent
parfois la lampe qui a éclairé ses méditations
nocturnes. Violente et nerveuse, son action paraît
excessive aux délicats ; il bondit au milieu de
l'auditoire, s'agite, marche et tourne ; c'est une
*bête fauve*, ou bien un prophète en délire. Tout
chez lui respire l'effort ardent et passionné. Il
s'irrite contre les obstacles qu'il rencontre en
lui-même, mais bientôt les franchit d'un bond ;
et, emporté par son élan, entraîne et renverse
tout. La nature l'a traité en mère généreuse, et
en dure marâtre ; mais c'est peut-être à ses imperfections qu'il doit la meilleure part de son éloquence.

La duplicité d'Eschine impose une lourde tâche
à son adversaire. Trois ans écoulés depuis l'ambassade, c'est beaucoup pour l'esprit si léger et
la mémoire si courte des Athéniens : Le traître,
d'ailleurs, ne s'est pas compromis. Maints grands
personnages, et au premier rang Phocion et Eubule, viennent se porter garants de son innocence.
Et derrière eux, on devine Philippe, invisible et
présent.

Démosthène s'avance péniblement sur ce che-

Eschine, d'après une reproduction du Musée de Naples.

min encombré d'obstacles, où ses lecteurs ont
peine à le suivre. Son discours est un chef-d'œuvre;
mais il faut presque un effort pour le goûter. Sa
longueur tout d'abord déconcerte. Trois cent qua-
rante-trois chapitres suffisent à peine pour contenir
les flots pressés et un peu troubles des arguments
et des invectives. Si encore une division logique
soulageait notre attention ! Mais le plan indiqué
au début en quelques lignes, et abandonné presque aussitôt, n'est qu'un embarras de plus. Ni
ordre, ni chronologie. Démosthène bouleverse les
faits, on dirait que le temps est à son service.
Cette confusion apparente n'est chez lui qu'un
artifice, auquel il a souvent recouru. La *première
Philippique*, dans son irrégularité et son ardeur
juvénile, faisait penser à une charge furieuse
contre l'ennemi. Le *Discours pour l'ambassade* ressemble à la politique qu'il combat, tortueux et
parfois aussi impénétrable qu'elle. On s'y perd
comme dans un dédale ; et on est tenté de dire
que s'il a fallu du génie pour le composer, il
faudrait du talent pour le bien comprendre.

Nous assistons d'abord à cette ambassade du
Péloponèse, si différente des autres, et où Eschine,
avant d'être gagné par Philippe, l'attaquait avec

tant d'énergie. « Sur la foi de ses déclamations, on l'envoya négocier la paix. Que s'est-il passé alors ? On le devine quand on voit le patriote d'hier appuyer à son retour les prétentions de la Macédoine. Comment il a abusé le peuple pendant la guerre de Phocide, personne ne l'ignore. Cet infime personnage a déconsidéré Athènes, servi l'étranger, ruiné une malheureuse nation. »

Naguère encore, quand je suis allé à Delphes, j'ai eu forcément sous les yeux toutes ces choses : maisons détruites, remparts abattus, pays dépeuplé d'hommes valides, quelques femmes, de faibles enfants et des vieillards misérables. Non, la parole ne peut rendre ce qu'on voit là-bas maintenant ! Et pourtant, quand il s'agit de nous réduire en esclavage, les Phocidiens votèrent contre Thèbes ; c'est ce que je vous entends dire à tous. Que feraient donc vos ancêtres, ô Athéniens, s'ils revenaient à la vie ? Quels seraient leur vote ou leur jugement sur ceux qui ont perdu la Phocide ? Ils les lapideraient, je pense, et ne se croiraient pas souillés d'un crime.

« Le traître plaidera-t-il l'ignorance, dira-t-il qu'on l'a dupé ? » L'argument est spécieux, et les apologistes d'Eschine l'invoqueront toujours ; mais Démosthène les a réfutés d'avance : « Un homme qui a été trompé et déshonoré aux yeux de ses concitoyens, doit, quand il reconnaît sa méprise, haïr et combattre en toute occasion celui qui vient de lui faire tant de mal. Or Eschine sert toujours son maître. Il se promenait naguère avec Philocrate le vendu. Au moment où les Macédoniens célébraient la ruine de la Phocide, il se prétendait malade. Guéri par cette bonne nouvelle, il a couru s'asseoir au banquet triomphal, et mêler sa belle voix à l'hymne des vainqueurs. »

La culpabilité établie, Démosthène revient aux événements de la seconde ambassade. « Arrivé à Pella malgré les lenteurs de ses collègues, j'ai vu comment Philippe faisait le siège des consciences. On m'a offert, ainsi qu'aux autres, ce qui là-bas s'appelle des présents d'hospitalité. Ces ruses ne pouvaient rien sur un homme tout entier à sa patrie, et qui de ses propres deniers rachetait ses concitoyens captifs en Macédoine. Mais Eschine ne connaît ni ces dévouements ni ces scrupules. Qu'a-t-il dû faire seul à seul avec Philippe, lui qui sous les yeux des Athéniens continue à les trahir ? »

Telle est l'argumentation habile et compliquée où Démosthène essaie d'enserrer son adversaire. Sur cette trame se détachent des digressions pleines d'éclat et et de couleur, qui sont les bas-reliefs du monument.

On peut admirer l'heureuse fortune de Philippe, ô
Athéniens ; mais il a eu surtout un bonheur admirable
entre tous, que n'obtint jamais, ce me semble, aucun
autre de nos ennemis, j'en atteste les dieux et les déesses.
Prendre des villes puissantes, conquérir un territoire
étendu, ces succès et tous ceux de ce genre sont enviables
et glorieux ; qui le contesterait ? Et pourtant on pourrait citer bien des hommes qui en ont fait tout autant.
Mais voici un avantage particulier à Philippe et qu'il n'a
jamais partagé avec personne. Qu'est-ce donc ? Quand il
a eu besoin de malhonnêtes gens pour le servir, il en a
trouvé de plus malhonnêtes encore qu'il ne l'eût voulu.
Peut-on ne pas juger ainsi Eschine et les siens ? Philippe,
si grand que fût son intérêt, n'osait pas vous faire certains
mensonges, il ne les a écrits dans aucune de ses lettres,
aucun de ses ambassadeurs ne vous les a portés. Alors
sont venus ces hommes, qui, moyennant salaire, vous ont
trompés. Antipater et Parménion, qui servaient un maître
et n'avaient plus ensuite à vous revoir, ont su éviter de
vous tromper eux-mêmes. Et ceux-ci, des Athéniens,
citoyens de la plus libre des villes, que vous aviez chargés
d'une ambassade, qui devaient plus tard vous rencontrer,
vous regarder en face, passer avec vous tout le reste de
leur vie, et vous rendre compte de leur conduite, ils n'ont
pas craint de vous tromper !


« Condamner Eschine, c'est peut-être ébranler
la paix, provoquer l'orage qui menace. Non certes.
En frappant les amis de Philippe nous gagnerons
sa faveur. Aujourd'hui, il espère qu'il lui suffira
de payer un ou deux hommes pour acheter tous

les autres. Prouvons-lui qu'il est dans l'erreur ; et changeant de tactique, il tentera de s'attacher, non plus quelques misérables orateurs, mais le peuple tout entier. »

« Eschine dira qu'il nous a donné la paix, si précieuse et si chère aux hommes. Jugez par là de sa perfidie, puisque ce bien qu'il vante est devenu funeste entre ses mains ; grâce aux efforts des traîtres, Philippe a resserré ses alliances, enrichi son trésor, étendu son empire. Si vous trouvez que ces malheurs sont compensés par quelques instants de repos, s'il faut se réjouir d'une trêve même honteuse, gardons une part de notre reconnaissance pour les généraux inhabiles dont les échecs ont rendu la paix nécessaire. »

Ces développements, ces peintures, ces raisonnements si variés nous font déjà demander grâce, et pourtant nous n'avons parcouru que la moitié du chemin. Son discours fini, Démosthène en recommence un autre, encore moins régulier que le premier, et encore plus beau. Qui ne connaît cette peinture célèbre de la fièvre de l'or ? Et cette apostrophe n'est-elle pas d'un bel accent ?

Quel est, à votre avis, dans la ville l'homme le plus grossier, le plus rempli d'impudence et de mépris pour les

autres? Tous, je le crois, sans hésiter, vous vous écrierez :
« C'est Philocrate. » Quel est celui qui parle le plus haut,
et peut dire le plus clairement ce qu'il veut, grâce à la
beauté de son organe ? C'est assurément Eschine. Quel
est l'orateur que ces gens appellent timide et mal assuré
devant la populace, et que moi j'appelle réservé ? C'est
moi. Car jamais en vous parlant, je n'ai recouru à l'im-
portunité et à la violence. Eh bien ! dans toutes les assemblées, chaque fois qu'il s'agit de l'ambassade, vous m'entendez accuser ces hommes, et les convaincre, et leur
dire en face qu'ils ont reçu de l'argent, qu'ils ont vendu
toute la politique de cette ville. Aucun n'a relevé mes
paroles, pas un n'a ouvert la bouche, pas un ne s'est
montré. Ainsi tout ce qu'il y a de plus insolent dans la
ville, tout ce qui crie le plus fort, le cède à tel point
devant moi qui suis timide, et qui par la voix ne l'emporte
sur personne. Pourquoi ? Parce qu'on est fort quand on
est sincère, et qu'on se sent faible quand on a conscience
d'avoir tout vendu. C'est ce qui paralyse leur audace, ce
qui retient leur langue, leur clôt la bouche, les serre à la
gorge et les force à se taire.

« Récemment encore Démosthène attaquait
Eschine, qui répondait par des injures. A quoi
bon ? Un mot suffisait : « Mon accusateur est
mon complice; comme moi il a reçu de l'argent. »

L'a-t-il dit, ce mot ? L'avez-vous entendu ? Non, rien de
tel, mais des menaces. Pourquoi ? C'est qu'il se savait
coupable, et qu'il était devant cette parole comme un
esclave. Sa pensée s'y portait, mais reculait aussitôt ; la

conscience lui barrait le chemin, tandis que d'autre façon il pouvait injurier et diffamer tout à son aise.

L'œuvre du raisonnement est presque ter-minée. Il faut maintenant amuser la malignité du public, en répandant sur Eschine un flot de raille-ries et d'injures. Après la pièce passionnée et tragique, voici une petite comédie dans laquelle l'accusé reprend bien malgré lui son rôle d'acteur : « Qu'il est ridicule ce superbe personnage, se promenant sur l'Agora d'un air majestueux, avec un long manteau qui lui tombe jusqu'aux talons ! Si on dit sur son passage : « Tiens ! c'est Eschine, l'ancien greffier, » il se fâche, il prétend qu'on lui manque de respect, tant il est fier de sa voix sonore, et de ses phrases ampoulées. Avec cela, pense-t-il, il va éblouir le tribunal ; mais les Athéniens feront justice de ces prétentions ; ils n'applaudiront pas à la barre celui qu'ils ont sifflé au théâtre. Ce misérable vient devant nous se draper d'un air majestueux ; mais s'il cache ses mains à Athènes, il ne craint pas de les tendre en Macédoine. »

Eschine, dans son *plaidoyer contre Timarque*, a recouru aux poètes pour leur emprunter des lieux communs. Démosthène ne s'en fait pas faute

à son tour; il tient à montrer que lui aussi il connaît ses vieux auteurs. Mais, habile dialecticien
jusque dans cet intermède littéraire, il cherche
surtout à retourner contre son adversaire ses
propres citations et à le battre avec ses armes.
« L'homme qui se plaît dans la société des
méchants, je ne l'interroge pas, je sais qu'il ressemble à ceux qu'il fréquente. » Eh bien ! Eschine
était l'ami de Philocrate, donc il est traître comme
lui. Les Barbares et les Grecs proclament que
les ambassadeurs ont reçu de l'argent; et comment Eschine peut-il les contredire, puisque
naguère il s'écriait avec Hésiode : « Ce n'est
point une vaine chose que la renommée, quand
les peuples en foule la répandent. Il semble
qu'elle soit déesse. »

Tout ceci n'est-il pas ingénieux et charmant,
plein d'esprit plus encore que de méchanceté,
avec une fleur de poésie ? Même au fort de la passion, ces esprits si bien doués restaient artistes
quand même, pour leur plaisir et pour celui des
juges. « Si un grand acteur vient à être traduit
devant nous, dit le vieux Philocléon des Guêpes,
il n'est pas renvoyé avant de nous avoir déclamé
une tirade de Niobé, et il choisit la plus belle;

si un joueur de flûte est absous, il met devant
sa bouche la courroie de son instrument, et nous
joue un air tandis que nous rentrons à la
maison. »

Il faudrait voir maintenant, dans la défense d'Eschine, comment ce Protée sut échapper à la terrible
étreinte qui l'enlaçait. Sans aborder franchement
la discussion, il s'en prit à quelques points faibles
de l'argumentation de l'accusateur, opposa à ses
raisonnements un récit aisé, plausible, et parfois
spirituel de l'ambassade, et termina par une péroraison pleine d'émotion et de douceur.

Voici, pour vous supplier avec moi, mon père à qui
vous n'enlèverez pas tout l'espoir de sa vieillesse, mes
frères qui trouveraient la vie sans charme s'ils étaient
séparés de moi, mes parents, mes alliés, et ces petits
enfants incapables encore de comprendre mes dangers,
mais bien dignes de compassion, s'il m'arrive un malheur.
Je vous le demande, je vous en conjure, songez à eux, ne
les livrez pas à mes ennemis, ne comblez pas les cruels
désirs de cet homme vraiment femme et qui n'a rien
de viril.

J'invoque et j'implore pour mon salut, les dieux d'abord,
et vous ensuite, les maîtres du vote... Jamais je ne vous
chagrinai, simple bourgeois vivant sans luxe comme la
plupart d'entre vous, et, seul des orateurs, vous épar-
gnant toujours dans les luttes politiques. Sauvez-moi;
dans l'ambassade j'ai fait de mon mieux pour servir la

ville, et je suis contraint d'affronter seul les clameurs des sycophantes, qui ont déjà perdu bien des âmes vaillantes et illustres.

Ces accents pathétiques touchèrent les juges. Comment d'ailleurs prouver la vénalité, d'ordinaire si peu facile à saisir ? Comment faire exactement la part de l'illusion, et même de la bonne foi, dans une culpabilité politique ? Et Philippe, comment prendrait-il la condamnation ? Eschine fut absous, mais seulement à trente voix de majorité.

Ce partage presque égal des votes correspond à l'état des esprits dans la ville. Amis et ennemis de la Macédoine se tiennent à peu près en respect ; le temps n'est plus où Démosthène, désespérant d'obtenir justice, renonçait à poursuivre Midias. Depuis trois ans, il a commencé à entamer l'indifférence du peuple ; les progrès de l'ennemi n'ont d'ailleurs que trop justifié ses alarmes. Peut-on le traiter de songe-creux et de pessimiste, en voyant la Thessalie soumise, l'Elide séduite, et Mégare, à la porte d'Athènes, menacée par un hardi coup de main ? Comment méconnaître le danger ? Un parti de la résistance s'organise ; les riches propriétaires offrent à l'État de l'argent et des vaisseaux tout équipés. A la tribune, Démosthène n'est plus seul ; il a pour lieutenants des orateurs distingués, comme Hégésippe, Polyeucte, et surtout Lycurgue et Hypéride.

Lycurgue sort d'une vieille famille sacerdotale, qui l'a élevé dans l'amour d'Athènes et le respect des dieux. Insensible aux séductions du luxe, il vit en Spartiate, portant, été comme hiver, le même vêtement, travaillant jour et nuit, lisant les vieux poètes ; c'est un Phocion patriote. Intelligence droite et élevée, avec quelque pesanteur, et plus propre à l'administration qu'à la politique ; talent plus vigoureux que facile, malgré les leçons d'Isocrate. Bien différent est Hypéride, raillé par les poètes comiques pour son amour du jeu et le luxe de sa table. Mais le débauché élégant se relève par un sentiment généreux, attaque Philocrate et les siens, et les harcèle de sa parole brûlante, alerte, incisive, faite pour le combat et l'escarmouche.

Athènes, au moment de périr, n'a pas manqué de nobles caractères et d'esprits énergiques ; mais Démosthène reste l'homme nécessaire. Lycurgue n'avait ni ces ressources toujours prêtes, ni cette souplesse qui manie les foules, ni cette

chaleur communicative qui les entraîne; et on
ne pouvait guère attendre d'Hypéride, ce volontaire brillant, le dévouement inébranlable dans
sa tristesse, qui a inspiré le *discours sur les Symmories*, la *première Philippique* et les trois *Olynthiennes*. Plus jeune que ses deux amis, le grand
orateur s'était mis à l'œuvre avant eux. Son
enthousiasme a enflammé leur éloquence, sa
perspicacité leur a montré le péril; sa ténacité
prévoyante leur a fourni les moyens d'agir.
Lycurgue et Hypéride, c'est encore Démosthène.

Athènes subit une impulsion nouvelle et forte;
elle construit des navires, bâtit un arsenal, envoie
des ambassades en Grèce, et fait échouer les
Macédoniens à Mégare. Cependant le parti adverse
ne désarme pas. Rien n'a ébranlé Phocion, immo-
bile comme une borne; il s'obstine à désespérer.
Eubule a toujours sa clientèle, qui désire avant
tout s'enrichir et vivre en repos. Les orateurs
payés continuent à gagner leur salaire. Vendus
ou convaincus, tous ceux qui déconseillent la
résistance rivalisent de zèle funeste, et leur
talent jette un dernier éclat sur la patrie qu'ils
conduisent à sa perte. Moment unique dans l'histoire des lettres grecques, où les comparses de la

tribune sont Hypéride, Eschine, Lycurgue, Phocion, la *hache* des Philippiques, et Démade, l'im-
provisateur éblouissant, qui, dans la plus spirituelle des villes, emporte la palme de l'esprit.
« Démosthène, dira-t-on, est digne d'Athènes,
Athènes est indigne de Démade. » Moins ardent
mais bien persuasif, cet Isocrate, qui, parmi ces
lutteurs, rappelle Nestor aux côtés d'Agamemnon
et d'Achille. Du roi de Pylos il a les années et la
« voix de miel », mais non la sagesse. Dans sa
lettre à Philippe, sa parole harmonieuse et châtiée
ne trouve pour l'ennemi que des tendresses.
D'autant plus dangereux qu'il est sincère, ce
vieux rhéteur, cloîtré dans ses études, a la can-
deur naïve des hommes qui n'ont pas vécu. Il
croit que l'honnêteté des Athéniens rendra modéré
le roi de Macédoine, et voit en lui le pacificateur
de la Grèce et son chef désigné contre la Perse.
Puis, avant tout artiste en beau langage, il s'admire
dans son œuvre, et croit la patrie sauvée.

Ses lecteurs ne demandaient qu'à être convaincus. Leur finesse mise au service de leurs
désirs découvrait mille raisons d'espérer. Démosthène n'avait aucune de ces illusions. Au cours
d'un voyage dans le Péloponèse où il alla recruter

dès alliés, il tenait ce langage aux citoyens de la
Messénie et d'Argos :

Avec quelle impatience Olynthe aurait-elle accueilli le
moindre blâme contre Philippe, quand il lui abandonnait Anthémonte, dont les rois de Macédoine furent
de tout temps si jaloux ; qu'il lui donnait Potidée, après
en avoir chassé une colonie athénienne ; et que, bravant
notre haine, il lui cédait la jouissance de toute cette
contrée ? Les Olynthiens s'attendaient-ils à souffrir tant
de malheurs ? Auraient-ils cru à qui les leur eût pré-
dits ? Et pourtant, ils n'ont pas joui longtemps du bien
d'autrui, et les voilà pour longtemps privés du leur par
cet homme, tombés avec ignominie, non pas vaincus
seulement, mais trahis les uns par les autres, et vendus.
Car elles sont peu sûres pour les républiques, ces trop
grandes intimités avec les rois. Et les Thessaliens ! Croyez-
vous qu'ils s'attendissent, quand Philippe chassait leurs
tyrans, et leur rendait Nicée et Magnésie, à ces déca-
darchies que nous voyons maintenant installées chez eux ?
Pensaient-ils que ce même homme qui les appelait de
nouveau au conseil Amphictyonique, mettrait la main
sur leurs propres revenus ? Non, non, et pourtant tout
cela est arrivé, et chacun peut le voir. Quant à vous,
dis-je, vous connaissez le Philippe qui donne et qui
promet ; souhaitez, si vous êtes sages, de ne pas connaître
celui qui termine son œuvre de ruse et de perfidie. Que
n'a-t-on pas inventé pour la garde et le salut des villes,
palissades, murailles, fossés et bien d'autres défenses ?
Toutes sont établies à force de bras et à prix d'argent ;
cependant chaque homme sensé porte en lui-même une
défense, bonne et utile à tout le monde, mais surtout aux
États libres contre les despotes. Qu'est-ce donc ? La dé-

fiance. Il faut la garder et s'y attacher fermement ; avec elle, jamais de péril. Que voulez-vous ? La liberté. Et ne voyez-vous pas que chez Philippe, tout, jusqu'au titre qu'il porte, en est la négation ? Tout roi, tout tyran est l'ennemi de la liberté et des lois. Prenez garde que, fuyant la guerre, vous ne rencontriez la servitude.

La *seconde Philippique* fut prononcée peu de temps après, à Athènes, devant les ambassadeurs de la Macédoine et du Péloponèse: « Philippe, dit l'orateur, est l'ennemi juré de notre ville. Toutes les conquêtes qu'il fait, il en use dans l'intérêt de Thèbes, et jamais dans le nôtre. Croit-il donc la cause des Thébains plus juste, leurs ressources plus grandes, et leur alliance plus avantageuse ? — Non certes. »

Songeant dans tous ses calculs à satisfaire son ambition, à étendre son empire, et n'ayant jamais en vue la paix, le repos, ni rien d'équitable, il a compris qu'avec notre cité, et le caractère dont nous sommes, il aurait beau promettre et travailler pour nous, il ne vous amènerait pas à lui livrer dans votre intérêt propre aucune nation hellénique ; mais qu'au contraire l'amour de l'équité, la crainte du déshonneur attaché à une telle conduite, et le sentiment juste de ce qu'il faut faire, vous armeraient pour arrêter ses usurpations, comme s'il s'agissait de vous défendre vous-mêmes... Quel éloge pour vous, Athéniens ! Par ses actes Philippe vous déclare, seuls de tous les peuples, incapables d'aban-

donner à aucun prix les droits communs, et d'échanger
contre aucune faveur ou aucun service votre dévouement à l'Hellade. Et, quand il juge ainsi Athènes, Argos
et Thèbes, il a raison, et ce n'est pas sur le présent seul
qu'il se fonde, mais sur le passé. L'histoire et la tradition lui ont appris que vos aïeux pouvant dominer
tous les autres Grecs, à condition d'obéir au Grand Roi,
loin d'accueillir ces offres, dont Alexandre, un ancêtre
de cet homme, s'était fait le porteur, aimèrent mieux
quitter leur ville, bravèrent tout, et accomplirent ces
belles actions, que chacun se plaît à raconter, et dont
nul n'a parlé dignement (aussi les passerai-je sous
silence, car la parole n'y peut atteindre) ; tandis que
les ancêtres des Argiens et des Thébains prêtaient
secours au Barbare ou s'abstenaient de le combattre.

C'est le langage que tenait autrefois Démosthène, dans les discours *pour Mégalopolis* et *pour la
liberté des Rhodiens;* mais aujourd'hui, au moment
où Athènes rassemble toutes ses forces sous un
ciel menaçant et noir d'orages, comme nous com-
prenons toute la grandeur du sentiment qui l'inspire, et qui va faire d'elle le champion des cités
helléniques ! Il est bon, quand on marche au
combat sans beaucoup d'espoir, d'appeler à l'aide
tout ce qui honore et relève l'homme, la conscience de son droit, l'amour de la justice, et le
ferme propos de défendre les opprimés. Dût-on
périr, on périt du moins noblement. Si la catas-

trophe de Chéronée éveille en nous tant de sympathies, la gloire en revient à Démosthène. Quand
il commença son œuvre de moraliste et de patriote, les idées généreuses sommeillaient dans
l'âme du peuple sous une couche épaisse
d'indifférence et d'égoïsme. Ranimant ce foyer
presque éteint au souffle de son éloquence,
l'orateur a, par une fraude pieuse, présenté à ses
auditeurs, comme leur image, un idéal fait des
traits les plus purs de leur caractère. Les éloges
d'Athènes, qui d'abord n'étaient guère pour lui
qu'un moyen facile de gagner les sympathies,
sont bientôt devenus dans sa bouche une critique
indirecte et d'autant plus pénétrante : peu à peu
les citoyens retrouvant, du moins par le culte des
souvenirs, quelque chose de l'élan d'autrefois,
ont absous leur grand homme du reproche de les
avoir flattés. Dans les dernières luttes pour la
liberté, son cœur et le cœur de la Grèce vont battre à l'unisson. Comme les *Philippiques* et les *Olynthiennes*, ces luttes seront des œuvres de Démosthène ; elles en auront la vigueur, le sombre
éclat et la valeur morale.

# CHAPITRE V.

## DÉMOSTHÈNE ET PHILIPPE.

Nous sommes à la veille du dernier combat. Les deux ennemis s'observent, et prennent leurs positions. Dans l'île d'Eubée, ils préludent à la bataille en cherchant à gagner les petites cités qui se la partagent. Philippe envoie ses soldats et fait triompher ses amis à Erétrie et à Oréos. Les Athéniens, prompts à la riposte, mettent la main sur Chalcis, qui commande l'Euripe et l'accès de la Grèce continentale. Ils semblent réveillés de leur torpeur : partout où l'armée de la Macédoine a passé, leurs ambassades viennent ébranler par la persuasion l'œuvre de la force. Sous cette impulsion, la Thessalie s'agite ; tentative inutile et tardive qui lui vaut un surcroît d'oppression. Pourtant Philippe, inquiet des haines qui s'amassent autour de lui, essaie une fois de plus de tromper ses vieux adversaires, en leur adressant un message plein de protestations amicales et d'apparentes concessions. Mais Démosthène et Hégésippe font échouer cette manœuvre, et bientôt après les hostilités éclatent dans la Chersonèse de Thrace.

Le condottière Diopithe y avait été envoyé avec une troupe de colons pour protéger cette possession importante. Il se conduisit à sa guise, passa de la défense à l'attaque, et non content de faire sur l'ennemi un butin considérable, il rançonna, paraît-il, les sujets d'Athènes. Philippe ne manqua pas de se plaindre, et fut appuyé dans l'assemblée par ses créatures. On ne demandait rien moins que l'envoi de forces nouvelles, et d'un général chargé de mettre à la raison ce serviteur compromettant. C'est alors que Démosthène, dans son *Discours sur la Chersonèse*, intervint, pour déplacer le champ de la discussion, et plus encore pour l'élargir.

« On ne parle, dit-il, que de Diopithe et de ses envahissements, et on a oublié que le Macédonien est là, prêt à profiter de nos fautes. Des traîtres aujourd'hui sont complices de ses desseins, car, nos troupes désorganisées, rien ne pourra lui faire obstacle. Calcul perfide, ruse grossière. N'en soyons pas dupes, et réservons aux hommes qui nous défendent un peu de cette indulgence que nous prodiguons à ceux qui nous attaquent. Une contribution est levée sur une cité grecque, et aussitôt nos orateurs de pousser les hauts cris : « On opprime nos frères, on assiège leurs villes ! » Quel est le stratège qui n'agit pas de même ? Tous perçoivent de l'argent quand ils le peuvent, plus ou moins suivant l'importance de leur escadre ; mais, après tout, les peuples imposés y ont avantage : notre flotte escorte leurs navires, protège leurs marchands. D'ailleurs, cette ressource ôtée, de quoi vivront nos soldats ? De l'air du ciel apparemment ? Ne recevant rien de ceux qui l'emploient, Diopithe ramasse, emprunte ou mendie tout ce qu'il peut. »

Ce général aux façons de brigand, qui nourrit la guerre par la guerre, sans oublier de faire son butin, est bien de son temps et de son pays, et Démosthène en est trop lui-même pour songer à s'en indigner. Ce qu'il veut, c'est se défendre coûte que coûte : « Payons nos troupes s'il se peut, mais gardons-les quand même. Il sera temps de les licencier lorsque les Macédoniens vous en donneront l'exemple. »

Est-il sûr que Philippe ne se portera pas sur la Chersonèse ? A en croire la lettre qu'il nous envoie, c'est

d'elle au contraire qu'il prétend se venger. Si notre
armée y reste réunie, elle couvrira nos possessions et
inquiètera cet homme. Si on la disperse, que ferons-nous
en cas d'attaque ? — Nous jugerons Diopithe, par Jupiter !
— Nos affaires en iront-elles mieux ? — Mais, d'ici nous
pourrions arriver à la rescousse. — Et si les vents nous
arrêtent ? — Mais, par Jupiter ! il ne viendra pas. — Avez-
vous une caution pour vous le garantir ? Songez, Athéniens,
à la saison prochaine. C'est alors que l'Hellespont,
abandonné comme on vous le conseille, tomberait aux
mains de Philippe. Ces troupes que Diopithe travaille à
tenir prêtes pour Athènes, ne travaillez pas à les diffamer,
et à les dissoudre. Préparez-lui-en de nouvelles ; aidez-le
à se procurer de l'argent, secourez-le, en hommes qui
ont les mêmes intérêts. Si on demandait à Philippe : « Que
préfères-tu ? que cette armée de Diopithe, armée telle
quelle, je n'y contredis pas, soit forte, en bon renom
chez les Athéniens, qu'elle s'accroisse par le concours de
la ville tout entière, ou que les calomnies et les attaques
des orateurs la déchirent et la détruisent ? » — « C'est
cela », répondrait-il aussitôt. Ainsi donc son vœu le plus
cher, quelques-uns d'entre nous, ici même, cherchent à
l'accomplir. Et l'on demande encore ce qui a perdu nos
affaires !

« Mais Philippe nous déclarera peut-être la
guerre ? » Démosthène voit déjà un orateur se
lever à la tribune pour vanter le calme et s'écrier :
« Quel trésor que la paix ! L'entretien des troupes
épuisera les finances. » — « C'est à merveille ;
allez tenir ce langage à Philippe. Les Athéniens

sont convaincus d'avance ; et du jour où le Macédonien cessera de les attaquer, ils n'iront certes pas le troubler chez lui. Malheureusement ses projets ne sont un secret pour personne. »

Si les conventions qui ont reçu nos serments sont sous nos yeux, gravées sur des colonnes ; si de toute évidence Philippe, avant le départ de Diopithe, qui, prétend-on, rallume la guerre, avait commis à notre détriment mainte usurpation, dont nos décrets qui l'accusent et que voici, sont une preuve irréfutable ; s'il n'a cessé depuis de gagner Grecs et Barbares, pour les coaliser contre nous ; que signifie ce qu'on nous répète : « Il faut combattre, ou rester en paix ? » Nous n'avons plus le choix, il ne nous reste plus à prendre qu'un parti, le plus juste de tous et le plus nécessaire.... Repousser l'agresseur, à moins qu'on ne dise, par Jupiter ! que Philippe ne nous fait pas injure, et ne nous attaque pas, tant qu'il ne touche ni à l'Attique ni au Pirée.

« D'ailleurs ce jour viendra bientôt. Cet homme hait tout en nous, et notre sol, et nos lois. Il sait qu'incapables d'opprimer personne, nous sommes terribles pour les tyrans. Asile de la liberté et de la justice, notre ville est contre lui une menace perpétuelle. Qu'il essuie un revers, tous les peuples courront à nous. »

Le danger n'est pas le même pour vous et pour les autres. Quelle est l'intention de Philippe ? Soumettre

Athènes ? Non, mais l'anéantir. Il sait bien que vous ne voudriez pas obéir, que même en le voulant, vous ne le pourriez pas, habitués que vous êtes à commander ; et qu'à l'occasion vous lui donneriez, à vous seuls, plus d'embarras que tous les autres peuples réunis. C'est votre existence même que vous avez à défendre.

Démosthène a tort ; il calomnie son adversaire et même ses concitoyens. Athènes, quoique déchue, exerçait encore un prestige immense, et Philippe ne songeait pas à la ruiner ; bien au contraire, il entendait reprendre ses traditions et son rôle. Un peu pressé d'hériter, il était fort soucieux de la noblesse de ses ancêtres et de leur beau patrimoine. « A Dieu ne plaise, dira-t-il après Chéronée, que je détruise le sanctuaire de la gloire, moi qui ne travaille que pour elle ! » — « O Athéniens, s'écriera plus tard Alexandre, au milieu de ses fatigues et de ses dangers, que ne fais-je pas pour mériter vos éloges ? » Athènes lui semblait ainsi qu'à son père la seule dispensatrice de la renommée. Et pourtant qui n'excuserait les patriotes de s'être exagéré le péril ? Le souvenir d'Olynthe était d'hier ; d'ailleurs les lâches seuls escomptent la générosité de l'ennemi. Sans doute Athènes a mis sa vanité jusque dans ses angoisses ; mais cette vanité l'a préservée de l'égoïsme et de la peur.

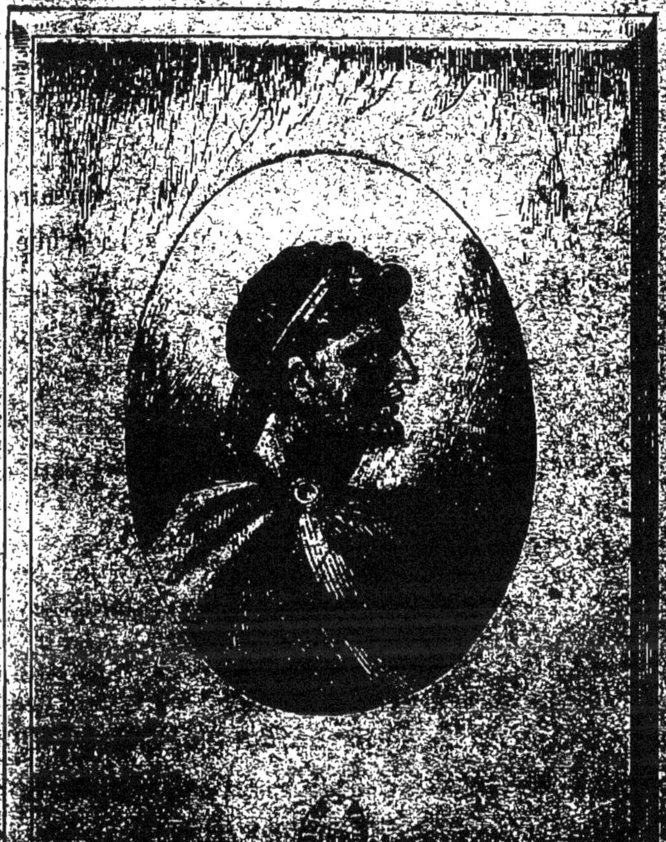

[illegible] Philippe, d'après une [illegible]

Quand bien même un dieu (car, dans un engagement pareil, que vaudrait la parole d'un homme ?) se porterait garant qu'il vous suffit de ne rien faire et de tout abandonner pour éviter que Philippe ne termine par vous ses conquêtes, il serait honteux, j'en atteste Jupiter et tous les Immortels, il serait indigne de vous, de la gloire de notre ville et des hauts faits de nos ancêtres, de sacrifier à notre paresse la liberté de tous les autres Grecs, et je mourrais plutôt que de vous donner un semblable conseil.

Ce fier langage est maintenant applaudi ; mais, à n'en juger que par son amertume, on dirait que la situation n'a pas changé depuis la *première Philippique :* « Donner de l'argent, combattre nous-mêmes, nous ne le voulons pas, abandonner les distributions du *Théorique* est au-dessus de nos forces. Nous avons pourtant des ambitions, mais aucune énergie pour les satisfaire. En paroles nous favorisons les politiques dignes d'Athènes, en fait nous soutenons leurs ennemis. Vous avez coutume de demander à vos orateurs : « Eh bien ! que faut-il faire ? » Moi, je vous répondrais : « Eh bien ! que faut-il dire ? » Car si vous refusez de rien changer à votre façon d'agir, il ne me reste plus qu'à me taire. Ah ! nos alliés pourraient nous adresser de sanglants reproches. »

Athéniens, vous nous envoyez ambassade sur ambassade ; vous affirmez que Philippe a de mauvais desseins contre nous et contre la Grèce entière, et qu'il faut nous défier de lui. Vous prodiguez les conseils, et ensuite, ô le plus lâche des peuples, quand l'homme, dix mois entiers loin de chez lui, enchaîné par l'hiver, la maladie et la guerre, était hors d'état de revenir, avez-vous délivré l'Eubée, ou reconquis aucune de vos possessions ? Et lui, tandis que vous étiez chez vous, oisifs, pleins de santé (si c'est être sain qu'agir de la sorte), a établi en Eubée deux tyrans, menaçant comme par deux batteries l'Atti-que et Sciathos. Loin de briser ces liens, si vous n'osiez davantage, vous l'avez laissé faire, reconnaissant aux yeux de tous que vous lui cédiez votre place, et que, mourût-il dix fois, vous n'en remueriez pas davantage. Pourquoi donc ces ambassades et ces accusations, et tous ces embarras dont vous nous fatiguez ?

N'en croyons pas trop Démosthène ; il a maintenant l'oreille du peuple. Devenu puissant, il doit se défendre contre les malveillances mesquines et les imputations calomnieuses, rançon habituelle de l'autorité et de la gloire. Pour employer l'image pindarique, c'est l'aigle que les corbeaux poursuivent de leurs cris discordants : « Pourquoi, va-t-on dire partout, ne donne-t-il à la patrie que des paroles, et jamais des actes ? Que ne met-il aux voix la déclaration de guerre ? Il a donc peur, cet homme qui nous pousse toujours à combat-tre ! » — « Je suis orateur, répond Démosthène.

Mes avis sont-ils bons ? J'ai fait tout mon devoir ; vos flatteurs, Athéniens, peuvent étaler une audace facile, en s'abritant sous votre faveur ; ma prudence est plus périlleuse. Vous contredire sans cesse dans votre propre intérêt, conseiller toujours la décision non la plus agréable, mais la meilleure, soutenir une politique où le succès tient du hasard plus que du calcul, et se porter garant de l'un et de l'autre : voilà le fait d'un citoyen énergique et dévoué. »

Si l'on me demandait en quoi j'ai bien mérité d'Athènes ; quoique j'eusse à citer des chorégies, des triérarchies, des dons volontaires, des prisonniers rachetés, et d'autres services de ce genre, je n'en parlerais pas, mais je dirais que je n'ai rien de commun avec ces hommes ; car, pouvant, à leur exemple, accuser, flatter, confisquer, faire enfin ce qu'ils font, je n'ai pas voulu d'un tel rôle ; et ni la cupidité, ni l'ambition n'ont pu me conduire à l'accepter. Bien au contraire je persévère dans des conseils qui sans doute me rendent à vos yeux plus petit que bien d'autres, mais qui vous rendraient grands, si vous consentiez à les suivre ; car ceci du moins, j'ai droit de le dire sans exciter l'envie. Une politique qui donnerait rapidement, à moi le premier rang parmi vous, à vous le dernier parmi les peuples, ne serait pas, je pense, la politique d'un vrai patriote. Mais par l'administration des bons citoyens la république doit grandir ; tous doivent dans leurs discours songer au meilleur et non au plus facile. La nature incline assez d'elle-même vers ce dernier côté; il faut pour nous entraîner vers l'autre les sages paroles d'un bon citoyen.

Démosthène mérite les éloges qu'il se donne. Il s'en rendra plus digne encore en prononçant la *troisième Philippique.*

Cette harangue, presque contemporaine de la précédente, termine magistralement la série des discours au peuple. Après elle, nous n'avons que des morceaux plus ou moins authentiques et que l'admirable *Plaidoyer pour la Couronne.*

La *troisième Philippique* est l'œuvre d'un génie absolument sûr de lui-même. Passionnée, mais surtout logique, elle procède moins par des séries d'arguments que par d'écrasantes accumulations d'exemples. Elle entraîne, elle convainc, mais ne charme pas. S'il fallait ici une comparaison, on la trouverait dans certaines statues de Michel-Ange, aux contours très accusés, et aux formes massives; ou plutôt dans les édifices de l'ancienne Rome, réguliers, utiles, et bâtis pour l'éternité. A la base, trois idées générales et simples; au-dessus, des faits, des faits encore, des faits toujours. Le lecteur est comme la Tarpéia de la légende, étouffée sous les bijoux et sous les armes.

Le grand art de Philippe a toujours été de mettre la guerre en croupe derrière la paix, de la rendre rongeante et envahissante. Démosthène, qui le devina dès le début, ne l'a jamais démasqué si complètement : « Partout il cherche à endormir les méfiances, jusqu'au jour où il fond sur sa proie. Ainsi en Thessalie, à Olynthe, en Phocide. Que disait-il aux gens d'Orée en mettant garnison chez eux ? « Je vous envoie mes soldats pour vous visiter, car je sais que vous n'êtes pas d'accord ; et je viens vous secourir comme un allié fidèle. » Pour leur malheur, les Oritains se laissèrent persuader ; Athènes devait être plus sage. »

Peut-être direz-vous qu'établir des machines de guerre, c'est observer la paix tant qu'on ne les a pas poussées au pied des remparts. Mais non, celui qui prépare et dispose tout pour ma perte, me fait la guerre, bien qu'il ne m'ait encore lancé ni flèche ni javelot. Que faudrait-il pour que le moindre accident nous exposât au plus grand danger ? Que l'Hellespont fût à d'autres, Mégare et l'Eubée aux mains de notre adversaire, et le Péloponèse gagné à sa cause. Eh bien ! un homme dresse de telles batteries contre Athènes, et je le déclarerais en paix avec elle !

« Les amis de la Macédoine voudraient établir une paix de nous à elle, et non pas d'elle à nous. Leur étrange logique permet à l'un des combattants d'attaquer, et interdit à l'autre de se défendre. Passons outre, et repoussons l'ennemi; nous dirons plus tard comme lui, qu'en prenant les armes nous n'avons pas rompu la paix. »

Dans la seconde partie du discours, qui est une attaque directe contre Philippe, quelles frappantes peintures, quelles vues pénétrantes et justes! Démosthène sent, s'il ne le comprend pas aussi bien que nous, qu'il est à l'un des tournants de l'histoire de son pays. « En Grèce, jusqu'ici, on luttait entre gens de même race, et seulement pour l'hégémonie, qui passait d'Athènes à Lacédémone, ou de Lacédémone à Thèbes. Poussées par l'amour de la justice (c'est un Athénien qui parle), les cités même qui n'avaient rien à craindre, se coalisaient contre le vainqueur, et l'empêchaient d'aller trop loin. Aujourd'hui, quelle différence ! Un roi, et un roi étranger, grandit toujours, et les Grecs ne songent pas à l'arrêter. Et pourtant jamais leur indépendance n'a couru un tel péril ! Ce nouveau venu joint à une ambition sans bornes une puissance militaire inconnue des siècles passés. »

« Autrefois la guerre ne durait que pendant la belle saison. On ravageait le territoire ennemi, brûlant les récoltes, détruisant les maisons. A l'automne, on retournait chez soi pour recommencer l'année suivante. Noble simplicité, tactique généreuse et loyale comme l'âme de nos pères ! Philippe, lui, en hiver, en été, arrive, repart, brouillant ses marches, déconcertant ses adversaires, faisant donner tour à tour sa lourde phalange, ses troupes légères, ses archers, ses machines, et la plus puissante de ses armes, le mulet chargé d'or, de cet or auquel bien peu de consciences ont résisté. A s'obstiner dans ses vieilles coutumes, et à marcher sans regarder ce qui l'entoure, Athènes court au précipice. »

« Oui, c'est un précipice qui s'ouvre devant elle ! Philippe ne se contente pas de la prééminence, il lui faut la tyrannie. Depuis longtemps son audace a passé les bornes. »

Je ne citerai ni Méthone, ni Olynthe, ni Apollonie, ni trente-deux villes de Thrace, si cruellement détruites qu'on se demande en les voyant si jamais elles furent habitées ; le peuple des Phocidiens, si puissant autrefois, détruit maintenant, je n'en parlerai pas. Mais la Thessalie, qu'en a-t-il fait ? enlevant aux villes leurs institutions, les soumettant à ses tétrarques, pour imposer son joug deux fois, aux cités d'abord, aux nations ensuite. L'Eubée n'est-elle pas livrée à des tyrans, l'Eubée si voisine de Thèbes et d'Athènes ? Ne dit-il pas en propres termes dans ses lettres : Pour être en paix avec moi, il faut m'obéir ? Et il n'écrit pas seulement, il agit. Le voilà qui marche vers l'Hellespont ; auparavant il attaquait Ambracie ; Elis, cette ville si importante du Péloponèse, est en son pouvoir ; naguère, il cherchait à surprendre Mégare. La Grèce, les pays barbares sont trop petits pour l'ambition de cet homme.

Comme on sent ici l'angoisse de l'Hellène qui voit le flot vainqueur du despotisme monter d'heure en heure, et couvrir un glorieux passé ! Démosthène a pour Philippe non seulement de l'aversion, mais le dédain d'un homme de haute race pour un Barbare. Et quelle insolence dans cet orgueil étroit ! On croirait entendre un prophète de la Judée.

Quand les Grecs ont souffert par les Lacédémoniens ou par nous-mêmes, les coupables étaient du moins les vrais enfants de la Grèce ; et on peut les comparer à un riche fils de famille qui administre mal son héritage. On le blâme, on le censure, mais qui songe à contester son titre de fils et ses droits aux biens dont il abuse ? Au contraire, qu'un esclave, qu'un enfant supposé détruise et dissipe une fortune qui ne devait pas lui revenir, sa conduite, par Hercule ! nous paraît bien plus indigne et soulève un tout autre courroux. Et il n'en est pas de même pour Philippe, qui n'est pas un Grec, qui ne tient à la Grèce par aucun lien, qui n'est pas même un Barbare d'illustre origine, mais une peste de Macédonien, né dans un pays dont il était impossible autrefois de tirer un bon esclave ! N'a-t-il pas épuisé l'outrage contre nous ? Sans parler de nos villes qu'il a détruites, ne préside-t-il pas les jeux pythiques, cette fête nationale des Grecs ? Absent, ne les fait-il pas présider par ses esclaves ? Maître des Thermopyles et des portes de l'Hellade, c'est sur des postes de mercenaires qu'il appuie sa possession. Il possède aussi le droit de consulter l'oracle avant tous, excluant et nous, et les Thessaliens, et les Doriens, et les autres Amphictyons, et se réservant cette prérogative qui n'appartenait pas même à tous les Hellènes.

On se rappelle qu'autrefois Démosthène avait détourné ses concitoyens d'une guerre qui aurait pour enjeu : *l'ombre de Delphes*. Il est aujourd'hui moins résigné, ou plus sincère. Se dégageant des intrigues macédoniennes, il attaque sans ménagement et à fond tous ses ennemis à la fois, ceux du dehors et surtout ceux du dedans : « Il faudrait enfin se résoudre à châtier ces monstres. Par excès d'indulgence, on les a laissés trafiquer des occasions favorables, de la concorde entre les Grecs, de la méfiance envers les tyrans et les Barbares. Les vertus d'autrefois ne sont plus, et Athènes a reçu en échange un mal rongeur qui la perdra. On porte envie aux adroits personnages qui vendent leur conscience. On accueille en souriant l'aveu de leur infamie ; mais qu'un bon citoyen soit traîné dans la boue, tout le monde ap-

plaudira. Il semble que nous soyons en proie à un
génie funeste. »

« Voyez nos ancêtres : Arthmios de Zélia, un
Asiatique, ayant apporté dans le Péloponèse l'or
du Grand Roi, ils le maudirent, le condamnèrent
à mort, et proscrivirent sa famille. Et pourtant le
coupable était étranger, étrangers aussi ceux qu'il
avait voulu corrompre. Mais ces âmes généreuses
avaient pour la vénalité une haine si violente,
qu'elles cherchaient à la poursuivre jusque dans
les cités voisines. »

L'histoire d'Arthmios est un des lieux communs de l'éloquence attique. Eschine en a fait
usage contre Démosthène, et Démosthène contre
Eschine. A un siècle de distance, le peuple n'était
pas revenu de sa surprise et de son admiration
pour une si belle conduite. N'est-ce pas là un trait
de mœurs ? Les vainqueurs des guerres Médiques
ont peut-être pris une précaution contre eux-
mêmes. On ne s'arme pas de pied en cap lorsqu'on
se croit invulnérable ; et nous savons que les
Grecs l'ont été moins que personne. Non qu'ils
aient connu la rapacité du Romain, vendant jusqu'aux vieux outils et aux vieux esclaves. Les
Grecs tendaient la main, mais la laissaient ou-

verte, acceptaient sans scrupule, et donnaient
ensuite sans regret. Une trahison payée était aussi
pour eux une œuvre d'art, un jeu plein de
hasards et de combinaisons, où ils se plaisaient
presque autant à exercer leur adresse qu'à satisfaire leur cupidité. Ces vendus d'ailleurs ne se
livraient pas tout entiers. La légèreté de ce peuple échappe aux conséquences extrêmes de ses
vices ; et nous verrons Démade arracher ses ennemis à la vengeance d'Alexandre.

Démosthène au contraire, et il faut joindre à lui
Phocion et Lycurgue, a toujours suivi la même
ligne de conduite. Rien n'a pu l'en faire dévier ;
et si parfois il a reçu de l'argent, comme on l'en
accusait, ce n'était pas pour trahir ses idées, mais
pour les mieux servir. Aussi conserve-t-il le droit
de s'indigner, et d'opposer sa droiture et sa fermeté aux indécisions de la foule, et aux funestes
manœuvres qu'il n'a cessé de dénoncer et de
flétrir.

Quelle honte ce sera plus tard de s'écrier après un
malheur : « Grand Jupiter ! qui s'y serait attendu ? Mais
aussi il fallait prendre tel parti, éviter tel piège. » Tant
qu'un navire grand ou petit n'est pas encore perdu, les
matelots, le pilote, tout le monde enfin doit mettre son
zèle à ce que personne, volontairement ou non, ne le

fasse chavirer. Mais quand la mer l'a englouti, les efforts deviennent inutiles.

En lisant ce beau discours, on songe au mot de Philippe : « Si j'avais été sur le Pnyx, j'aurais voté contre moi-même. » Le peuple cette fois ne ressentit pas seulement une émotion passagère, mais une secousse durable ; et désormais, pendant quatre ans, Démosthène sera, comme il le rêvait jadis, le conseiller qu'on écoute et qu'on admire. Cette courte période qui commence et finit avec la guerre est le point culminant de sa vie, entre une montée pénible et un abîme. Nous avons assisté aux luttes de ce puissant et douloureux génie, et nous voudrions que ses triomphes eussent laissé leur trace dans une quatrième et une cinquième *Philippiques*. Il les a prononcées sans doute, mais ne s'est pas soucié de les arracher à l'oubli. Au début, cherchant à prolonger l'effet de sa parole, il remettait ses discours sur le métier, pour y introduire après coup la réfutation de ses adversaires, supprimer les détails trop techniques et adoucir les hardiesses de l'improvisation. C'est ainsi qu'ils nous sont parvenus, plus parfaits de forme peut-être, mais à coup sûr moins chauds et moins vivants. Ce grand citoyen qui n'eut qu'une passion, celle de la politique, ne voulait, en répandant ses harangues, qu'ébranler à coups répétés l'indifférence du peuple. L'ayant dans sa main, il ne se crut pas tenu à tant de peine. La lutte d'ailleurs, toujours plus ardente, ne lui laissait pas de loisirs d'esprit. Condamné à l'inaction par la victoire d'Alexandre, nous ne le voyons point, comme Cicéron, songer à sa gloire, et préparer une édition complète de ses œuvres. Son âme large et simple ignorait les raffinements et les faiblesses de ce Romain, que son talent même engagea dans la bataille des partis, mais qui demeura surtout un avocat et un homme de lettres.

Après la *troisième Philippique*, Démosthène joue le rôle d'un premier ministre, autant que le permet une constitution où tout relève de l'assemblée. Au cinquième siècle, Périclès, nommé stratège, fondait son pouvoir sur une double base. Premier citoyen de la république sur le champ de bataille comme à la tribune, ou, pour citer le vers d'Homère, « *diseur de belles paroles et ouvrier de grandes actions* », il réalisait l'idéal hellénique de l'homme d'État complet et supérieur en tout. Quelque temps encore après lui, il en fut de même ; mais peu à peu, l'éloquence et la tactique

étant devenues des arts compliqués, les orateurs
sont d'un côté, les capitaines de l'autre. Démosthène enflamme les esprits et ne craint pas de
combiner des plans d'attaque ; ce ne sont pas
même des généraux, si l'on excepte Phocion,
mais des entrepreneurs de guerre, un Charidème,
un Charès, qui les exécutent. A l'auteur des *Philippiques* il faut demander surtout des discours.
Pendant les années où il gouverne, nous le voyons
seulement ambassadeur, commissaire de la marine
et préposé à la reconstruction des remparts. Son
autorité ne tient pas à ses fonctions, mais à son
ascendant. Debout sur une étroite plate-forme
toujours assaillie, il peut être précipité à toute
heure par un revirement d'opinion ou par un
caprice. Il n'en est pas de l'éloquence comme des
batailles, et les victoires de la parole sont souvent
sans lendemain.

Pour savoir si Démosthène a bien soutenu ce
rôle si lourd, on n'a qu'à consulter ses ennemis.
Eschine l'accuse d'avoir fini par faire régner à
Athènes une sorte de terreur, déclarant que sans
mandat il se chargerait des ambassades, menaçant
ses adversaires de la prison, et criant qu'il les y
traînerait lui-même par les cheveux. On sent que

ce tableau est vrai. Sur ce peuple affolé par le péril, un souffle révolutionnaire a passé. Il a eu son comité de salut public, assez dédaigneux des formes légales, que lui cachaient, suivant le mot d'Hypéride, les armes des Macédoniens.

Lucien a rendu cette impression à sa manière, quand il a fait dire à Philippe :

Démosthène réveille malgré eux ses concitoyens assoupis comme par la mandragore. Peu soucieux de leur être agréable, sa franchise est le fer qui coupe et brûle leur indolence. Si les Athéniens n'avaient pas chez eux Démosthène, je prendrais leur ville plus facilement que j'ai vaincu Thèbes et les Thessaliens ; la ruse, la violence, la surprise, l'argent, en auraient bon marché. Mais Démosthène a l'œil ouvert, il épie les occasions, éclaire nos mouvements, se jette en face de nos armées. Rien ne peut lui échapper, ni manœuvres, ni entreprises, ni desseins. En un mot, cet homme est un obstacle, un rempart qui m'empêche de tout enlever au pas de course. Si les Athéniens laissaient un pareil homme maître absolu des munitions, des vaisseaux, des circonstances, de l'argent, je craindrais qu'avant peu il ne me contraignît à lui disputer la Macédoine, lui qui, ne pouvant aujourd'hui me combattre que par des décrets, m'enveloppe de toutes parts, me surprend, trouve des ressources, rassemble des forces, équipe des flottes redoutables, réunit des troupes, et me tient tête partout.

Ce pouvoir est si sûr de lui-même que Démosthène fait abolir la loi d'Eubule sur le budget des fêtes, reconstitue la caisse de la guerre et y verse tous les excédents : c'est la revanche de la *troisième Olynthienne*. En outre, il rend plus démocratique le système des *triérarchies*, et impose de nouveau aux riches le fardeau que depuis si longtemps ils cherchent à secouer : c'est la revanche du *discours sur les Symmories*.

Sous une telle impulsion, la politique extérieure redouble de vigueur : le temps est passé des pugilistes lourds et maladroits. Une guerre acharnée s'allume tout à coup sur les frontières de la Macédoine.

Près de la Chersonèse, où les hostilités ont pris naissance, s'élèvent les cités sœurs de Byzance et de Périnthe. Démosthène envoyé en ambassade les enrôle dans la cause de la liberté. Philippe, avec sa décision ordinaire, se jette coup sur coup sur les deux villes. Repoussé, grâce aux secours d'Athènes, c'est seulement à force d'adresse qu'il parvient à ramener ses vaisseaux du Pont-Euxin dans la Propontide. Les intrigues des traîtres allaient le servir plus efficacement que la guerre ouverte.

Delphes, depuis l'expulsion des Phocidiens, servait de quartier général aux ennemis de la liberté. Démosthène, distrait par le péril du Nord, oublia la plaie toujours ouverte que la Grèce portait au flanc, et apprit avec douleur qu'Eschine venait de se faire nommer *Pylagore* ou membre consultant de l'assemblée Amphictyonique. A peine arrivé, l'ancien acteur commence à jouer une comédie, assez pâle au début, mais dont les conséquences furent terribles. Dès la première séance, le représentant d'Amphissa, petite ville du voisinage, attaqua très violemment les Athéniens, et les traita de maudits, qu'on devrait exclure du sanctuaire. Eschine, habile comme toujours, intervertit les rôles, et montra que les accusateurs de sa patrie avaient commis un sacrilège. Des tuileries construites par eux empiétaient sur un territoire mis en interdit. Delphes s'émut de ce mince incident, et se leva tout entière pour détruire les tuileries, et rendre au dieu son domaine. Mais, au retour de cette exécution sommaire, la troupe fut assaillie par les Amphisséens qui lui tuèrent beaucoup de monde ; la situation s'envenima, et sous prétexte de la régler, les Amphictyons appelèrent Philippe.

L'intrigue est nouée, la catastrophe ne se fait pas attendre. Le roi arrive du fond de la Scythie, et, au lieu de s'engager dans les montagnes de Phocide, il assiège, prend et occupe Élatée. Cette place était un excellent point d'appui pour une attaque contre l'Attique. Aussi la fatale nouvelle apportée sur l'Agora y causa-t-elle une émotion profonde.

C'était le soir. Arrive un homme qui annonce aux prytanes qu'Elatée est prise. Aussitôt les uns se lèvent de table, chassent les marchands de leurs baraques dressées sur la place publique, et y mettent le feu ; les autres mandent les stratèges et appellent le trompette ; toute la ville est pleine de rumeur. Le lendemain, à la pointe du jour, les Prytanes convoquent le conseil ; vous, vous allez à l'assemblée, et avant que le conseil eût ouvert le débat et préparé son rapport, tout le peuple était assis sur la colline du Pnyx. Bientôt le conseil arrive : les Prytanes déclarent la nouvelle, introduisent le me ssager ; cet homme s'explique. Le héraut demande : « Qui veut prendre la parole ? » Personne ne se lève. Il recommence plusieurs fois, personne encore. Et tous les stratèges, tous les orateurs étaient présents, et la patrie appelait un citoyen qui parlât pour la sauver ! Car la voix du héraut qui se fait entendre quand les lois l'ordonnent, c'est la voix de la patrie. Que fallait-il pour se présenter ? Vouloir le salut d'Athènes ? — Vous tous et les autres citoyens, vous levant aussitôt, vous vous seriez avancés ; car je le sais bien, ce salut, vous le vouliez tous. — Etre riche ? — Les trois cents auraient parlé. Réunir ces deux conditions, l'amour d'Athènes et la richesse ? — Ceux-là se seraient présentés, qui plus tard ont offert à l'Etat des

dons considérables, car ils ont montré alors leur patrio-
isme et leur opulence. Mais ce moment, ce jour, ne
demandait pas seulement un citoyen riche et dévoué ; il
fallait un homme qui eût suivi les affaires dès le principe, et bien calculé pour quel motif et dans quelle intention Philippe avait agi de la sorte. Quiconque ne savait
pas cela, et n'y avait pas depuis longtemps appliqué son
attention, fût-il dévoué, fût-il opulent, ne pouvait ni
connaître le parti à prendre, ni trouver le conseil à donner. Il parut, celui que réclamaient les circonstances ;
c'était moi.

Dans ce désarroi général, il eut seul assez de
sang-froid pour songer à un véritable coup de
partie, une réconciliation avec Thèbes. Espérer
que la vieille alliée de Philippe l'abandonnerait
au moment même où il campait à ses portes, cela
semblait chimérique. Mais Démosthène était dans
un de ces moments où on ne prend conseil que
du danger et du désespoir ; il partit. Malgré l'intervention d'une ambassade macédonienne et les
défiances des habitants pour tout ce qui venait
d'Athènes, il les emporta de haute lutte.

Sa parole, comme un vent impétueux, enflamma ses
auditeurs. Leur ambition les aveugla tellement sur les
suites de leur démarche, que, bannissant de leur âme la
crainte, la prudence et la reconnaissance même, ils se
laissèrent entraîner à l'enthousiasme que leur inspira le
parti le plus honnête.

Le témoignage est de Théopompe, qui, tout en blâmant, ne peut s'empêcher de louer. Jamais Démosthène n'a été plus grand que dans cette heure suprême. Pourquoi faut-il que son éloquence, cette fois encore, se dérobe à notre admiration?

L'alliance de Thèbes rétablissait l'équilibre entre les combattants. En face de la phalange, la légion sacrée. Les ennemis se tinrent assez longtemps en respect, et les Grecs eurent l'avantage dans deux escarmouches où les Athéniens montrèrent un vrai courage. Mais les habiles manœuvres de Philippe délogèrent les confédérés de l'heureuse position qu'ils avaient choisie sur les contre-forts du Parnasse ; et le combat s'engagea dans la vallée du Géphise, auprès de Chéronée. Il fut vif, disputé, et par moments incertain. La fougue des Athéniens, la solidité des Thébains firent pendant quelques heures hésiter la fortune, mais ne parvinrent pas à la fléchir. Le soir, Philippe, à moitié ivre et couronné de fleurs, chantait et dansait sur le champ de bataille et insultait aux morts. Tout d'un coup il eut le frisson en songeant à la terrible partie qu'il avait jouée ; mais la partie était gagnée.

Vue de la plaine de Chéronée, d'après Dodwell.

Démosthène, qui servait parmi les hoplites, avait pris la fuite. Eschine, du haut de sa bravoure, jette le mépris sur ce lâche qui n'a su que parler et n'a pas su mourir. Il est vrai que Démosthène n'a pas fait mieux que les autres, mais il a fait comme eux. Ne soyons pas plus sévères que les Athéniens, qui, au lendemain de Chéronée, voulurent consoler leur grand homme en le chargeant de prononcer l'éloge des morts. Cet honneur, les amis de la Macédoine n'avaient pas craint de le réclamer pour Eschine. Le zèle que mit alors Démosthène à la réparation des remparts et un don volontaire qu'il offrit à l'État, fournirent une occasion de montrer que, malgré la défaite, il n'était pas méconnu ; et une couronne d'or lui fut décernée.

Mais au moment où il reçut ce témoignage suprême, le pouvoir lui avait échappé. Le vainqueur, toujours habile, sut être clément ; impitoyable aux Thébains, il ménagea la grande cité, dont il respectait la gloire et craignait peut-être le désespoir. Démade obtint pour elle le maintien de sa liberté, l'intégrité de l'Attique, et même des accroissements de territoire. En échange, elle dut entrer dans l'alliance de Philippe, c'est-à-dire dans l'orbite de sa puissance. L'état jadis le premier de la Grèce devenait une ville libre de l'empire nouveau.

Sans doute Athènes n'a pas subi le traitement barbare dont la menaçait le *discours pour la Chersonèse*; et pourtant, où sont aujourd'hui les rêves dorés d'Isocrate? Dans la Grèce pacifiée, mais impuissante, le Macédonien décide et exécute. Son hégémonie n'est que le masque d'un pouvoir que rien n'empêche de se changer en tyrannie. Le rôle d'Athènes ira désormais toujours diminuant. Son horizon rétréci s'arrêtera bientôt aux pentes du Cithéron. La servitude tarira en elle la source des sentiments généreux et des pensées originales; et le Grec de Périclès et de Démosthène finira par n'être plus que ce factotum intrigant, bavard et souple de l'époque romaine, que l'on ferait monter au ciel pour un morceau de pain.

Mais, au lendemain de Chéronée, le ressort moral n'était pas brisé encore. D'ailleurs, l'orgueil aveugle qui avait préparé la défaite ne permit pas aux vaincus d'en mesurer les conséquences; et plusieurs fois ils en appelèrent de la sentence rendue par le destin. Deux ans après la paix de Démade, Philippe fut assassiné par un des siens dans une grande fête où il célébrait, avec son mariage, son prochain départ pour l'Asie. Charidème, alors en station près de la Thrace, fit secrètement parvenir la nouvelle à Démosthène. L'orateur alla tout droit au Conseil dire qu'un songe lui avait annoncé le plus grand bonheur pour Athènes. Un courrier de Macédoine confirma l'heureux présage. Ce fut une explosion d'enthousiasme. Démosthène venait de perdre sa fille ; il prit part néanmoins aux sacrifices et aux réjouissances populaires, vêtu de blanc et couronné de fleurs.

Cette allégresse peu digne était bien mal justifiée. *Le jouvenceau*, comme les patriotes appelaient Alexandre, et qu'on ne croyait bon qu'à *péripatétiser* à Pella, avait l'âme d'un héros et le génie d'un fondateur d'empire. Avant que les Grecs eussent le temps de se reconnaître, il arrivait en Thessalie. Voyant qu'il fallait céder, Athènes lui envoya une ambassade. Démosthène, qui en faisait partie, n'eut pas le courage d'aller jusqu'au bout et se déroba à moitié chemin. Eschine le lui reproche amèrement ; mais qui ne l'excusera d'avoir voulu cacher à un ennemi triomphant le spectacle de sa douleur ?

Le roi, ayant reçu satisfaction, s'enfonça en Illyrie ; quelque temps après, le bruit courut qu'il était mort. Il n'en fallut pas davantage pour ranimer les espérances ; mais l'illusion ne fut pas longue. Coup sur coup d'effrayantes nouvelles éclatent : « Alexandre vit encore ; il est en Béotie, il a rasé Thèbes, il demande la tête des orateurs qui l'ont combattu. » Démosthène était du nombre. Phocion, honnête et brutal comme toujours, lui conseilla de s'offrir en holocauste. Il se disait prêt à accomplir lui-même avec joie un pareil sacrifice, et il était homme à le faire. Démosthène adjura le peuple de le défendre, en lui rappelant la fable des moutons qui abandonnent leurs chiens et sont mangés ensuite par les loups.

Dans ce péril extrême, il trouva un allié inattendu. Démade semble avoir joué près de ses puissants amis de Macédoine le rôle d'un bouffon sans dignité, mais non sans esprit ni courage. Il avait rappelé Philippe à la décence le soir de Chéronée ; il intervint en faveur des proscrits. Était-ce générosité, cupidité ou caprice ? Avec Démade, toutes les suppositions sont possibles. Quoi qu'il en soit, Alexandre pardonna. Peu après, il partait pour l'Hellespont. Désormais, l'histoire va marcher à sa suite dans les grandes plaines de l'Asie, et l'attention se détourne d'Athènes. C'est un vaisseau échoué sur une plage d'où la mer peu à peu se retire.

# CHAPITRE VI.



LE DISCOURS POUR LA COURONNE. — LES DER-
NIÈRES ANNÉES DE DÉMOSTHÈNE.

L'histoire d'Alexandre a l'éclat des féeries.
Héros surhumain, décor brillant, péripéties invraisemblables, rien n'y manque. Beau comme un
dieu, entraînant derrière lui les vétérans de son
père, le conquérant s'avance et sème la Grèce
sur ses pas. Puis, tel qu'un météore, il s'éteint
brusquement en pleine gloire et en pleine jeunesse, laissant une image immortelle à l'avenir.
On comprend que, pour avoir assisté de loin au
commencement de cette épopée merveilleuse,
Eschine puisse s'écrier avec raison : « Nous avons
vécu plus qu'une vie d'homme, et nous ferons un
jour l'étonnement de la postérité. »

Dès lors, c'est en Égypte et en Assyrie qu'il
faut chercher la Grèce. Sparte languit faute de
citoyens ; Thèbes ruinée est le *sépulcre des vivants ;*
Athènes, qui bientôt ne sera plus que le musée de

ses chefs-d'œuvre, reste pourtant encore la ville spirituelle et amie de l'éloquence et des arts. Elle construit un stade, orne son théâtre, élève des statues à ses grands tragiques et publie leurs œuvres, entretient ses galères, augmente leur nombre et refuse de les joindre à la flotte d'Alexandre. On sent partout la main de Lycurgue, qui a conservé son influence sans renoncer à ses convictions, et qui se borne à mettre en ordre et à embellir une cité meurtrie et diminuée par la défaite.

Les amis du vainqueur sont toujours suspects ; et les enfants, dans les écoles, répètent leurs noms avec mépris. Mais le voisinage d'Antipater, qu'Alexandre a laissé à Pella, les protège, et plus encore la gloire lointaine du maître. Malgré tout, Athènes est réduite à suivre les conseils des hommes qui l'ont perdue. Le pouvoir revient à Phocion. Eschine, politique médiocre, n'a su être que la voix de Philippe. Après sa mort il s'éclipse, renonce aux fonctions publiques, et ne reparaîtra que pour attaquer Démosthène. Démade, au contraire, agrandit son rôle et gouverne gaiement *les épaves de la république.*

Entre les deux partis, les hostilités continuent, moins à l'assemblée que dans les tribunaux.

Presque tous les orateurs d'Athènes sont accusateurs ou accusés. Les patriotes ont l'avantage ; car sur ce théâtre restreint, le peuple, couvert d'ailleurs par le secret des votes, peut donner libre carrière à ses sympathies et à ses haines. On ne se vante guère d'avoir servi la Macédoine ; on cherche plutôt à s'en justifier. Pour faire éclater le mécontentement qui couve, il suffirait d'un échec en Asie ; mais l'Asie n'envoie que des bulletins de victoire. Après le Granique, c'est une charge de boucliers qu'Alexandre expédie à ses anciens ennemis, comme un gage de son estime et un monument de leur défaite. Un moment le bruit court qu'il est enveloppé dans les montagnes de Cilicie. Démosthène, alors, va colporter partout les lettres qui annoncent la nouvelle ; la ville ne peut plus le contenir, il raille Eschine, *la victime aux cornes dorées, déjà parée de fleurs et prête pour le sacrifice.*

Le même Eschine, qui nous donne ces détails, l'accusera d'avoir laissé passer plusieurs occasions de secouer le joug. Plaisant reproche dans une pareille bouche ! Plus impartiaux, nous n'hésiterons pas à excuser Démosthène. Il n'a jamais conseillé la guerre quand même : sa politique a

toujours gardé le sens des réalités. Elle est comme
sa parole, tout d'une pièce en apparence, mais au
fond pleine d'habileté et de calcul. Il avait cédé
en 346 ; après la paix de Démade, il céda encore,
et ne risqua la lutte qu'à la mort d'Alexandre,
lorsque son empire commençait à se dissoudre.
N'éprouvait-il pas d'ailleurs quelque lassitude ?
L'âge venait. Tous les orateurs de ce siècle,
Lycurgue, Phocion, Hypéride, Isocrate, ont pro-
longé très tard une verte vieillesse ; mais pour
lui, depuis le *discours sur les Symmories,* que de
fatigues et de peines morales ! Démosthène
semble avoir senti vaguement que la liberté
grecque était morte à Chéronée. Toute son énergie s'était ramassée contre Philippe, et c'est encore
Philippe qui hante son esprit. Il ne s'élance pas
vers l'avenir, mais plutôt se replie sur le passé ;
et l'œuvre maîtresse de ses dernières années est
une sorte de testament politique.

Quelques mois après la défaite, Athènes, on
s'en souvient, avait, sur la proposition de Ctésiphon, décerné une couronne d'or à l'homme *qui
en paroles et en actes ne cessait de la servir.* La
proclamation du décret devait avoir lieu dans le
théâtre, pendant les grandes Dionysies. Eschine

Alexandre le Grand.

(Reproduction de la Bibliothèque nationale.)

protesta et déposa une plainte d'illégalité fondée sur trois griefs : « Démosthène est le fléau de la patrie. Au moment du vote, il avait à rendre des comptes pour la reconstruction des remparts, et les lois interdisent de couronner un comptable ; elles ordonnent enfin de proclamer les récompenses, non point au théâtre, mais dans l'Assemblée. »

L'accusateur avait pour lui la lettre du droit Athénien ; pourtant il ne se pressa pas d'agir. Vers cette époque, des maladroits, Diondas, Sosiclès, Mélanthe, se jetaient sur Démosthène et le poursuivaient devant les tribunaux. Le peuple montrait en l'acquittant qu'il se sentait uni à son orateur. Pendant sept années, Eschine attendit un moment favorable. Il crut l'avoir trouvé après la défaite d'Agis, roi de Sparte, qui, en 330, fit un grand effort, assiégea Mégalopolis et périt non sans gloire dans une bataille livrée en Arcadie. Démosthène n'avait pas refusé ses sympathies à cette tentative, mais sans s'y associer. Ses ennemis espérèrent pourtant que son crédit en serait atteint, et peu après commença le procès de la *Couronne*.

Seul, Ctésiphon était traduit en justice, et seul

il pouvait encourir une amende. Juridiquement, Démosthène restait étranger au débat. Eschine espéra-t-il esquiver son intervention ? Dans son discours, il priera les juges de fermer la bouche à un rhéteur perfide, tout pétri de mots amers et artificieux. Mais il n'y comptait guère. Quelle que fût la rigueur de la procédure athénienne, elle ne pouvait tenir à l'écart le principal intéressé ; et, par le texte même de sa plainte, l'accusateur avait reconnu qu'il ne songeait pas seulement à poursuivre un citoyen obscur pour une irrégularité sans importance. C'est son vieil ennemi qu'il voulait atteindre à travers Ctésiphon ; et ce procès, plus grave qu'il ne le pensait, mettait en cause Athènes, et la Grèce tout entière. Le spectacle est saisissant : un homme, un peuple ont terminé leur vie politique. L'épée de Philippe a écrit le dernier chapitre de leur histoire. Impuissants, mais libres encore, ils vont examiner leur œuvre et lui ajouter comme une conclusion. Deux grands talents plaideront le pour et le contre ; et c'est la Justice même qui doit présider au débat.

La nouvelle d'un tel procès mit toute la Grèce en éveil. Une armée, paraît-il, se rangeait autour de Démosthène. Eschine parla le premier. En habile tacticien, il se plaça d'abord sur le terrain juridique, où il se sentait le plus fort, prouva que les lois d'Athènes lui donnaient raison et prétendit même imposer à la défense cet ordre de discussion, qui en eût montré le point vulnérable. Cette partie du plaidoyer est inattaquable, mais peu intéressante ; nous attendons impatiemment qu'Eschine aborde la question politique. Sur ce terrain comme sur l'autre, il a l'avantage de la position et des armes : le vulgaire en effet mesure le mérite au succès, et quelle disproportion choquante entre les efforts demandés par les orateurs antimacédoniens et le néant des résultats ! On peut en outre, exploitant contre eux la modération de Philippe, soutenir que leurs violences de langage ont lassé sa bienveillance et l'ont contraint de faire la guerre.

Il est possible qu'Eschine ait été sa première dupe ; mais s'il est convaincu, il ne nous convainc pas. L'honneur de l'accusé sort intact de cette épreuve, et les reproches qu'on lui adresse nous irritent sans nous émouvoir. Comment prêter grande attention à ce laborieux échafaudage de critiques mesquines, de calculs compliqués, de suppositions invraisemblables ? Eschine a osé dire que Démosthène s'était vendu à Philippe. Démosthène vendu ! Plût au ciel que tous les amis de la Macédoine eussent trahi comme lui ! A ces exagérations maladroites se mêlent des développements délicats, spirituels et pathétiques. La voix de la *Sirène* est toujours enchanteresse. Quelle amusante parodie des images si peu attiques qu'un excès de passion et de zèle arrachait parfois au grand orateur !

Ne vous rappelez-vous pas ces odieuses et incroyables paroles que vous avez patiemment subies, hommes de fer ? « On ébourgeonne la République, criait-il à la tribune, on taille les sarments de la démocratie, on coupe les nerfs des affaires, nous sommes cousus dans des nattes ou percés comme avec des lardoires. » Sont-ce là des mots, vil renard, ou des monstres ?

.... Il donne à lire au scribe un décret plus long que l'Iliade, plus vide que ses discours et que sa vie, mais pleind'espérances chimériques et d'armées qui ne devaient pas se réunir... Otez la parole à cet homme, il ne lui restera rien, c'est une flûte dont on enlèverait le bec.

La comparaison s'appliquerait mieux à Eschine. Ne croirait-on pas entendre un vrituose, maître de son instrument, qui touche tout le clavier des passions et manie sans loyauté mais avec adresse l'amour paternel, le fanatisme religieux, le patrio=

tisme égoïste et aveugle ? « Quand parlent la haine et l'ambition de Démosthène, il oublie la mort de sa fille, les vols sacrilèges des Phocidiens, les prétentions insupportables de Thèbes ; il transporte en Béotie le siège des affaires, livre aux étrangers le gouvernement de sa patrie et lui réserve toutes les charges de l'alliance. »

Il est juste de donner ici un souvenir aux braves que cet homme, malgré les sacrifices et leurs présages menaçants, a précipités dans un péril manifeste, et dont il n'a pas craint, quand ils eurent succombé, de prononcer l'éloge, montant sur leur tombeau avec ces pieds déserteurs, qui venaient d'abandonner leur poste. O de tous les mortels le plus incapable d'une action grande et belle, mais le plus admirable par l'audace de tes discours, essaieras-tu tout à l'heure de dire à la face de ceux qui sont là, qu'on te doit pour les malheurs de la ville une couronne ? Et s'il le dit, le supporterez-vous ? Mourra-t-elle ainsi avec les morts, votre mémoire ? Transportez-vous un instant par la pensée du tribunal au théâtre, voyez le héraut s'avancer, entendez la proclamation qu'il va faire en vertu du décret, et demandez-vous si les parents des victimes verseront plus de larmes sur les tragédies et les infortunes héroïques, dont ils auront ensuite le spectacle, que sur l'ingratitude aveugle de la patrie !

Les anciens racontent qu'Eschine, ayant quitté Athènes, ouvrit à Rhodes une école de rhétorique et lut son plaidoyer à ses élèves. On s'étonna que tant de talent n'eût pas fait triompher l'accusation. L'avocat n'était plus qu'un professeur, il lut la réponse : l'applaudissement fut unanime. « Que serait-ce donc, s'écria-t-il, si vous aviez entendu le monstre lui-même? »

Le *Discours pour la Couronne* est une des couronnes de l'art oratoire. Démosthène n'a point vieilli ; et son éloquence va se donner libre carrière dans cette forme du plaidoyer politique, très particulière à Athènes, comme tant d'autres détails de sa vie publique, et qui ne pouvait se développer que chez elle avec cette ampleur. Les *harangues*, véritables appels au combat , sont brèves et vibrantes : c'est l'acier du glaive qui pénètre et qui brille. L'*Ambassade* et la *Couronne* font songer à l'airain de Corinthe, où, sous le feu de la passion, les métaux les plus précieux sont fondus pour former un métal nouveau.

Et quelle riche matière, bien digne d'inspirer le génie ! De la prise d'Amphipolis aux victoires d'Alexandre, quels vastes horizons ! Une grande question politique, un problème moral plus grand encore, et Démosthène pour les résoudre, n'est-ce pas un dieu ami d'Athènes qui lui a ménagé cette

occasion de nous éblouir une fois encore, avant
de disparaître à jamais? Sept ans d'inaction ont
sans doute lassé et refroidi l'ardeur qui l'animait
à Chéronée. Saura-t-elle en retrouver le souvenir,
se revoir comme dans un éclair telle qu'elle fut
alors, communier d'idées avec son orateur, et
s'absoudre elle-même en refusant de le condamner? On peut l'espérer ; tant il est vrai qu'une
cause nous attache par les sacrifices qu'elle nous
impose et la souffrance qu'elle nous donne. En
tout pays d'ailleurs, un tel vaincu eût commandé
le respect par sa hauteur d'esprit et de cœur, et ce
je ne sais quoi de tragique que l'infortune ajoute
au talent et qui va droit à l'âme des foules.

Avant tout, ô Athéniens, je supplie tous les dieux et
toutes les déesses que ce bon vouloir dont je suis animé
sans cesse pour la ville et pour vous tous, je le retrouve
en vous tout entier pour moi dans cette lutte ; je les
supplie également qu'ils vous persuadent, comme le
veulent votre intérêt, votre religion et votre gloire, de
ne pas prendre pour conseil, sur la manière dont vous
devez m'écouter, mon adversaire (ce serait une bizarre
injustice), mais les lois et votre serment, où, parmi tant
de choses justes, vous trouverez ces mots : « J'écouterai
semblablement les deux parties. »

Tout ce début de discours est grave, triste et

presque solennel. C'est le ton d'un homme trahi par le sort, qui se réfugie dans sa conscience. Par deux fois, Démosthène appelle sur lui la protection des dieux. N'en a-t-il pas le droit au milieu des malheurs qui l'accablent ? « Calomnié par Eschine dans ma vie publique et privée, je ne puis guère le réfuter, car un accusé qui se vante indispose le tribunal. La défense est difficile et le danger terrible. Perdre la faveur de mes concitoyens, quelle plus grande infortune pour moi ? C'est en ce moment qu'un ennemi déloyal prétend me tracer le plan de mon discours ; mais vous déjouerez ses calculs perfides. »

Abandonnant la route droite et juste, il fuit les preuves en présence des faits ; puis, après tant d'années, il entasse sarcasmes, griefs, invectives, et vient ici jouer une comédie. En outre, c'est moi qu'il attaque et c'est Ctésiphon qu'il accuse. Dans tout ce débat, c'est contre moi que sa haine éclate ; mais jamais, pour la satisfaire, il n'ose m'aborder en face. Il s'en prend à un autre ; c'est à un autre qu'il veut enlever ses droits civiques.

Cet exorde habile permet à Démosthène de disposer ses arguments comme il lui plaît. Rejetant au second plan la discussion de droit qui le gêne, il commence aussitôt à justifier sa politique. Pourtant, qu'est-ce à dire ? Pas un mot des discours

prononcés avant 346, dans la période où brillent
la première *Philipique* et les trois *Olynthiennes*.
Pourquoi négliger ses plus beaux titres de gloire?
C'est que les Athéniens souffriraient impatiemment qu'on leur rappelât ces années d'impré-
voyante paresse; et l'orateur s'immole à leur
amour-propre. Pour se rendre sympathique,
omissions et inexactitudes ne lui coûtent guère.
Il diminue outre mesure sa part d'initiative et de
responsabilité dans les tristes affaires de 346.
« Crie le contraire tant que tu voudras, Eschine,
crie jusqu'à en crever; c'est Philocrate qui a proposé au peuple d'ouvrir les négociations. » Un
peu plus loin, même tactique. Flétrissant les
complices de la politique macédonienne, Démosthène s'attaque uniquement aux traîtres et aux
cités aveugles qui n'ont pas voulu seconder les
efforts des Athéniens. « En ce temps-là, dit-il,
les villes étaient malades. »

Ceux qui avaient le conseil et l'action étaient séduits
par des présents et perdus par l'espoir d'un salaire; la
foule des particuliers, où ne prévoyait rien, ou se laissait
prendre à l'amorce de l'inertie et du repos. Partout c'était
le même mal. Chacun pensait que le péril ne viendrait
pas jusqu'à lui, et qu'aux dépens du danger des autres,
il garderait son bien tranquillement et à sa guise; mais

bientôt il advint, ce me semble, que les peuples, pour prix de leur profonde et intempestive indolence, furent privés de leur liberté, et que les chefs, qui croyaient avoir tout vendu, hormis leur personne, s'aperçurent qu'ils s'étaient vendus eux-mêmes les premiers. Amis et hôtes, voilà comme on les appelait autrefois : sycophantes, ennemis des dieux, et tous les noms qu'ils méritent, voilà ce qu'ils endurent aujourd'hui. Personne en effet, Athéniens, ne dépense son argent dans l'intérêt du traître ; personne, une fois en possession de ce qu'il a acheté, ne consulte le traître sur le reste des affaires. Autrement, il n'y aurait rien de plus heureux que le traître. Mais il n'en va pas ainsi. Comment donc ! il s'en faut de tout. Lorsque celui qui veut dominer s'est établi le maître, il l'est aussi de ceux qui lui ont tout vendu ; et comme il connaît leur bassesse, il les hait et s'en défie, et les couvre de boue.... preuve évidente, Eschine, que celui qui défend le mieux son pays et résiste le mieux à de tels hommes, celui-là vous donne à vous, traîtres et mercenaires, une occasion de vous faire payer. Oui, c'est grâce à la majorité de ces citoyens et aux orateurs qui vous combattent, que vous êtes maintenus en sûreté et en salaire. Par vous-mêmes, depuis longtemps vous seriez perdus.


« Qu'elle est donc misérable, au fond, la destinée d'Eschine, dédaigné de Philippe et funeste à sa patrie ! La lenteur calculée de son ambassade permet aux Macédoniens de conquérir la Thrace ; ses faux rapports précipitent la ruine de la Phocide. Et ce maudit vient se vanter de sa conduite !

Il répand sur les autres la souillure de ses crimes,
comme ces débauchés qui vident sur les convives,
à la fin d'une orgie, le vin qui reste au fond de
leur coupe. »

Il a dit tout à l'heure, en parlant de moi : « Lui qui me
reproche l'amitié d'Alexandre. » L'amitié d'Alexandre ! à
toi ! Comment l'aurais-tu acquise ? comment méritée ?
L'hôte de Philippe, l'ami d'Alexandre, jamais je ne te
donnerai ces noms ; je ne suis pas assez fou ; à moins
qu'il ne faille nommer les moissonneurs et les gens de
salaire, amis et hôtes de ceux qui les emploient. Autrefois le mercenaire de Philippe, aujourd'hui celui
d'Alexandre, c'est ainsi que je t'appelle, moi et tous ces
hommes que voici. Ne le crois-tu pas ? Interroge-les, ou
plutôt je vais le faire pour toi. Athéniens, que vous en
semble ? Eschine est-il l'hôte d'Alexandre ou son mercenaire ? Tu entends ce qu'ils disent.

Aux critiques du traître, Démosthène oppose sa
politique généreuse et sage : « J'ai poussé le
peuple à la guerre ! Pouvais-je faire autrement ?
Devions-nous, marchant à la suite des Argiens,
des Thessaliens, des Dolopes, secourir l'étranger
ou le laisser libre d'agir ? Nous n'eussions pas
tiré grand profit de notre conduite, car Philippe
traitait encore plus mal ses alliés que ses ennemis. Mais là n'est pas la question. »

Quel décret devais-je proposer, moi, conseiller d'Athènes, car c'est d'Athènes qu'il s'agit. Je savais que de tout temps, jusqu'au jour où je montai à la tribune, ma patrie avait combattu pour la prééminence, l'honneur et la gloire, que par une noble ambition et dans l'intérêt commun, elle avait sacrifié plus d'hommes et d'argent que tous les autres hommes ensemble pour leur propre salut. Je voyais ce Philippe à qui nous avions affaire, qui, dans son désir du pouvoir et de l'empire, l'œil crevé, la clavicule rompue, la cuisse et la main fracassées, abandonnait gaiement à la Fortune tout ce qu'elle voudrait prendre de son corps, pourvu qu'avec le reste il vécût glorieux. Et pourtant, qui oserait dire qu'un Barbare nourri dans Pella, misérable lieu jusqu'alors inconnu, devait avoir l'âme assez haute pour espérer, pour entreprendre de commander aux Grecs ; et que vous, les Athéniens, qui chaque jour, dans tous les discours que vous entendez, dans tous les spectacles offerts à vos yeux, trouvez le souvenir de vos ancêtres et de leur vertu, vous étiez assez lâches pour aller au-devant de Philippe et lui livrer la liberté de la Grèce? Restait donc forcément un seul parti : opposer une juste résistance à ses injustes entreprises. Athéniens, vous l'avez fait dès le principe, par raison et par honneur; et mes décrets et mes conseils vous y ont poussés, dès que j'ai pris part au gouvernement. J'en conviens.

« Et maintenant, qu'on en vienne au détail, qu'on examine les propositions de Démosthène, et on verra que toutes ont été avantageuses. Grâce à lui, Athènes se dresse comme une barrière devant Philippe. »

Il veut se glisser dans le Péloponèse, je fais voter une ambassade pour le Péloponèse; il touche à l'Eubée, autre ambassade pour l'Eubée; il établit des tyrans dans Orée et dans Érétrie, j'y envoie..., une ambassade encore? Non, une armée.

« J'obtiens alors une couronne d'or, sur la proposition d'Aristonicos; et qui donc a vu à cette occasion éclater les rires sarcastiques dont Eschine menace le peuple, s'il approuve le décret de Ctésiphon? Bientôt après, c'est Athènes elle-même qui est couronnée par Byzance et Périnthe, haute récompense que les villes accordent bien souvent aux citoyens qui les gouvernent, mais que jamais jusqu'ici un homme n'avait fait décerner à la république. »

Après les alliances, les réformes. Démosthène rappelle la réorganisation des *triérarchies*. Toujours prudent, il ne dit rien du *théorique*; rien également de l'ambassade à Thèbes, et de la dernière campagne contre les Macédoniens. Craint-il de s'aventurer sur un terrain brûlant? On doit le croire, et nul ne prévoit l'admirable retour offensif qui terminera le plaidoyer. Il faut maintenant justifier en droit le décret de Ctésiphon. Tâche difficile; le ton par trop dégagé et

9*

presque insultant de la défense ne peut dissimuler et trahit au contraire l'inquiétude et l'embarras.

A tous ces discours si embrouillés, à ce pêle-mêle de paroles sur les lois alléguées à l'appui de l'accusation, vous n'avez sans doute rien compris, et moi pas davantage ; mais j'aborde franchement et sans détour la discussion juridique.

Rarement promesse fut plus mal tenue. Démosthène se contente, et pour cause, de présenter aux juges quelques sophismes spécieux et brillants, comme ces lumières courtes et vives, qui aveuglent au lieu d'éclairer : « Je suis comptable de mon administration et non de mes largesses ; et puisque l'on voulait récompenser en moi le bienfaiteur plutôt que le magistrat, Ctésiphon n'était pas obligé d'attendre ma sortie de charge. Eh quoi ! Athènes pourrait recevoir un présent, mais non témoigner de sa gratitude ; et un sycophante, étendant sa tyrannie sur tous les citoyens, interdirait aux uns la reconnaissance, aux autres la générosité ! Quant à la proclamation du décret, pourquoi n'aurait-elle pas lieu au théâtre ? Plus les assistants sont nombreux, plus la cérémonie est glorieuse pour le peuple, car il se couronne en couronnant l'un des siens. »

Démosthène, qui sent à merveille toute la faiblesse de ces arguments, ne laisse pas à l'auditoire le temps d'approfondir. Fermant la discussion, il prend sa revanche sur Eschine : « Misérable scribe, mangeur de vers tragiques, homme tout frotté de chicane, bel acteur des troisièmes rôles, tu cries à tue-tête, tu vomis des injures ! Puis tu viens déclamer dans ta péroraison comme un héros sur la scène, et invoquer la terre, le soleil, la vertu, la conscience et l'éducation qui font discerner le bien et le mal. Minos, Eaque et Rhadamanthe ne tiendraient pas un langage plus pompeux. Mais toi, d'où peux-tu connaître la vertu et la distinguer du vice ? Quant à l'éducation, si tu en avais, tu ne t'en vanterais pas. Les gens bien élevés rougissent des éloges. Du moins ton impudence n'atteindra-t-elle pas son but. Ton auditoire est révolté mais non convaincu ! »

Ces injures passent les bornes, et Démosthène a raison de dire : « Parler dignement de mon adversaire, c'est tenir des discours indignes de moi. » Il nous met bien plus à l'aise quand il attaque la politique du traître ; cette fois, son indignation est légitime. Eschine a perdu la Grèce le jour où il appela Philippe en Phocide. Démosthène n'a garde d'omettre un argument si décisif ; et l'affaire des Amphisséens, rappelée en quelques mots énergiques, forme le couronnement et la clef de voûte de son invective.

Le récit de tous ces attentats me conduit à dire ce que j'ai fait pour y remédier ; vous m'écouterez, Athéniens, car si j'ai supporté pour vous le fardeau des affaires, vous pouvez bien aujourd'hui en supporter le souvenir.

Ici l'artifice du plaidoyer se dévoile. Le discours recommence. Les dernières péripéties de la lutte, la prise d'Élatée, l'ambassade à Thèbes vont se dérouler sous nos yeux ; la défaite même, par un triomphe d'éloquence, justifiera la politique des patriotes ; et la question juridique disparaîtra, étouffée entre deux magnifiques développements. Le vieux Nestor, dans l'Iliade, conseille à Agamemnon de placer les bons soldats en première ligne, au milieu les lâches, à l'arrière-garde les troupes d'élite. C'est l'ordre même des arguments dans le *discours pour la Couronne.*

Cette seconde partie débute par l'éclatante peinture de la consternation que causa la prise d'Élatée, et où Démosthène apparut comme un sauveur, en proposant de solliciter les secours de Thèbes.

Aux paroles j'ajoutai un décret ; le décret porté, j'allai en ambassade ; ambassadeur, je persuadai les Thébains. Je poursuivis l'affaire à travers tous les obstacles, depuis le commencement jusqu'à la fin ; je me jetai pour vous tout entier et sans réserve dans les périls qui environnaient notre ville.

« Rien ne le détourna de ce qu'il jugeait avantageux. Son cœur fut pur comme ses mains. Par son intégrité inébranlable, il vainquit Philippe ; car si le corrupteur triomphe quand on prend son or, il est vaincu lorsqu'on le repousse. Sous la conduite de son orateur, Athènes, au moment de succomber, a pu souvent espérer une fortune meilleure. L'alliance thébaine a chassé comme une nuée d'orage le péril qui planait sur la Grèce. L'homme invincible a eu des moments d'angoisse et de désespoir. Et pourtant de quoi Démosthène était-il maître ? De rien. Il parlait au peuple ; mais les stipendiés de la Macédoine pouvaient en faire autant ; et lorsqu'ils avaient le dessus, les Athéniens travaillaient pour leurs adversaires. Malgré tout, une activité continuelle, un dévouement absolu ont groupé, en face de Philippe, Thèbes, l'Eubée, l'Achaïe, Corinthe, Mégare, Leucade et Corcyre. Par ces alliances, l'armée de la Grèce

s'est accrue de quinze mille fantassins et de douze
mille cavaliers, sans compter les milices nationales. A côté de tels services, qu'est cette
réparation de murailles dont Eschine parle avec
ironie ? »

Non, ce n'est pas seulement de pierres et de briques
que j'ai fortifié votre ville ; ce n'est pas de cela que je suis
le plus fier ; mais veux-tu reconnaître sans mauvaise foi
de quels remparts je l'ai entourée ? tu trouveras des armes,
des cités, des places, des ports, des vaisseaux, de la cavalerie et des auxiliaires combattant pour nous. Voilà
comment j'ai couvert l'Attique, autant qu'il fut possible
à la prudence humaine ; voilà comment j'ai fortifié tout
notre pays, et non pas seulement l'enceinte de la ville et
du Pirée.

« Ah ! plût au ciel que tous les peuples grecs
aient eu leur Démosthène ! Les Macédoniens ne
seraient pas aujourd'hui les maîtres. »

« Mais, dira-t-on, laissons là ces hypothèses, la
réalité est sous nos yeux. Des ruines, des défaites,
Athènes humiliée, voilà l'œuvre dont tu te vantes !
Tu as échoué, donc tu avais tort. — Si l'on pouvait
alors concevoir une politique meilleure, répond
l'orateur, pourquoi ne l'avoir pas dit ? Le bon
conseiller ouvre son avis sur le moment même, il
se livre comptable au hasard et à ceux qu'il a

convaincus. Au contraire, les sycophantes se taisent quand ils devraient parler ; pour leur rendre la voix, il faut un malheur de la patrie. Ainsi fait Eschine. Après la catastrophe, il songe aux moyens de la prévenir, plaisant médecin qui suit le convoi funèbre en disant : « Si le malade avait pris tel remède, il serait encore plein de vie. »

A cette époque, bien des périls s'amassaient sur nous, d'autres nous assaillaient déjà ; juge mon administration, Eschine, au milieu de cette crise, et ne calomnie pas l'événement. L'événement est ce que veulent les dieux, mais le mérite du conseiller se juge par le conseil même. Que la bataille ait tourné pour Philippe, ce n'est pas à moi qu'il faut s'en prendre, l'issue du combat dépendait des dieux et non de moi. Mais que je n'aie pas prévu tout ce qui était de la prévoyance humaine ; que je ne l'aie pas exécuté avec une droiture, un zèle, une ardeur au-dessus de mes forces ; que mes entreprises n'aient pas été belles, dignes de la ville et nécessaires ; fais-le-moi voir, et ensuite accuse-moi. Si la tempête a éclaté, plus forte non seulement que nous, mais aussi que tous les Hellènes, qu'y pouvons-nous ? Quand l'armateur a tout prévu pour la sûreté de son navire et l'a muni de tout ce qu'il croyait utile à son salut, si la tempête vient l'assaillir, fatiguer ses agrès et même les détruire, accusera-t-on cet homme du naufrage ? « Mais je ne gouvernais pas le navire, dirait-il (et moi non plus je ne commandais pas l'armée), je n'étais pas maître de la fortune, au contraire, la Fortune est maîtresse de toute chose...... »

Puisque Eschine insiste tant sur le hasard des événe-

ments, je veux lui opposer en réponse un hardi paradoxe. Par Jupiter et tous les dieux ! que nul d'entre vous
ne s'étonne en cela de mon exagération, mais que chacun
considère avec bienveillance ce que je dis. Si l'avenir
avait été manifeste pour tous, si tous l'avaient connu et
que tu l'eusses annoncé et attesté à grands cris, toi qui
n'as pas soufflé mot ; alors même Athènes ne devait pas
se départir de la voie qu'elle a suivie, pour peu qu'elle
tînt compte de sa gloire, de ses ancêtres et de la postérité. Aujourd'hui, elle paraît avoir échoué dans une entreprise, ce qui est la chance commune à tous les hommes,
quand la Divinité le veut ; mais si alors, après s'être crue
digne de commander aux autres, elle avait battu en
retraite, elle eût encouru le reproche d'avoir livré tous
les peuples à Philippe.

« Malgré sa défaite elle peut affronter aujour-
d'hui les regards de l'étranger. Et les grands
hommes du passé ne rougiraient pas de sa conduite. Ils croyaient, ces héros, qu'on se doit plus
encore à sa patrie qu'à sa famille. Plutôt que
d'obéir, ils aimaient mieux abandonner leur ville ;
et leurs descendants ont pensé comme eux. »

Si je me hasardais à dire que c'est moi qui vous inspi-
rai des sentiments dignes de vos aïeux, vous me repren-
driez, et à juste titre. Mais je confesse que de telles réso-
lutions étaient les vôtres ; et je prouve qu'avant moi la
république avait à elle cette manière de penser. Je
réclame seulement l'honneur d'avoir contribué à ce qui
s'est fait de glorieux. Cet homme, au contraire, qui incri-

mine tout et vous demande d'être implacables pour moi,
et me reproche toutes les alarmes et tous les dangers de
la ville, en même temps qu'il cherche à m'enlever dans
le présent un titre d'honneur, vous arrache, ô Athéniens !
les éloges de tous les siècles ; car si en frappant Ctésiphon, vous condamnez ma politique, vous paraîtrez avoir
failli et non pas avoir succombé à l'aveugle malignité
du sort. Mais il n'en est pas ainsi. Non, vous n'avez pas
failli, Athéniens, en affrontant les périls pour la liberté et
le salut de tous ; j'en jure par ceux de vos ancêtres qui
s'exposèrent les premiers à Marathon, par ceux qui se
sont rangés en bataille à Platée, par ceux qui ont combattu sur leurs vaisseaux à Salamine et à l'Artémision, et
par beaucoup d'autres vaillants hommes qui reposent
dans nos monuments publics ; car la ville, les jugeant
dignes du même honneur, les a tous également ensevelis,
Eschine, et non pas seulement les vainqueurs et les heureux. C'était justice, car l'œuvre des hommes de cœur,
tous l'avaient accomplie ; quant à la fortune, ils en ont
eu la part que le dieu leur avait mesurée.

Dans ce *paradoxe*, dans ce serment à jamais
célèbre, quel défi jeté à l'histoire, quelle audace, et
en même temps quelle douceur ! Le censeur impitoyable qui, pendant vingt années, a eu le reproche
à la bouche, vient à son tour demander pitié et
pardon. Le bronze frémit et s'émeut. Rien n'a
plus manqué à la morale des anciens que la tendresse ; ces cœurs étroits et fiers restaient fermés
aux faibles et aux malheureux ; la souffrance

vient d'ouvrir celui de Démosthène. Il comprend
la beauté de la défaite, il s'y enveloppe comme
dans une pourpre sanglante, et sa pensée clé-
mente et profonde tranche d'un seul coup le douloureux problème que tout homme porte en lui.
Oui, l'effort est pénible et la réussite incertaine ; et
pourtant il faut agir, car la conscience qui nous
l'ordonne saura toujours nous récompenser. Toute
âme honnête doit se sacrifier sans beaucoup d'espérance à un idéal entrevu, et porter vaillamment
le poids de la vie, recevant sa tâche du dehors,
et n'attendant sa récompense que d'elle-même.

Un orateur moderne s'arrêterait ici, craignant
d'affaiblir l'impression produite. Mais les Grecs
ont des idées différentes en matière d'art. Dans
l'épopée, le poème lyrique et la tragédie, ainsi
que dans l'éloquence, ils laissent tomber leur
voix pour finir. Ils imitent la nature, et leurs
discours les plus véhéments s'apaisent comme
l'orage, après avoir roulé en longs échos. Démosthène va redescendre des hauteurs où il s'est
élancé, et sa péroraison aura la gravité sereine et
recueillie de son exorde. Pour le moment, sûr
de la victoire, il sonne en fanfares triomphales la
défaite d'Eschine. Ce n'est point assez de l'avoir

couvert d'injures ; il le ressaisit, le déchire et le traîne dans la boue.

Enfant, tu fus nourri dans la misère : tu servais avec ton père chez un maître d'école ; là, tu broyais l'encre, tu épongeais les bancs, tu balayais la classe, emploi d'esclave, non d'enfant libre ! Devenu homme, tandis que ta mère initiait, tu lisais le grimoire et secondais ses jongleries. La nuit, tu affublais les initiés d'une peau de biche, versant sur eux la coupe sacrée, les purifiant, les frottant d'argile et de son. Puis, la lustration terminée, tu les relevais et leur faisais dire : « J'ai fui le mal, j'ai trouvé le bien. » Tu te glorifiais de hurler mieux que personne, et je le crois sans peine : quand on déclame avec tant de force, on doit l'emporter par l'éclat de ses hurlements.

L'invective continue ainsi avec une révoltante et magnifique insolence. Tout dans Eschine devient matière à railleries, sa vie privée et publique, son enfance, sa jeunesse, son âge mûr, sa parole, son silence même : « Quand la République a besoin de conseils, il se tait. Soudain le voilà qui surgit à la tribune pour attaquer un orateur qui a cessé de plaire. Comme une tempête qui s'élève, cette voix sonore éclate en mots pompeux, en longues périodes. Qu'en résulte-t-il ? Aucun avantage pour personne, pour quelques-uns la ruine, pour Athènes du déshonneur.

Demandez à Eschine de la jalousie, de la méchanceté, c'est à merveille. »

Mais, chaque fois qu'il s'est agi de l'agrandissement
d'Athènes, as-tu paru au premier rang, au second, au
troisième, au quatrième, au cinquième, au sixième, dans
un rang quelconque? Quelle alliance as-tu procurée à la
ville? quels secours? quelles amitiés? quelle gloire?
Dans quelle ambassade, quel service public l'as-tu fait
honorer? Quelle affaire, chez nous, chez les autres Grecs
ou chez les étrangers, a réussi entre tes mains? En vaisseaux, en armes, en arsenaux, en fortifications, en cava-
valerie, nous as-tu donné quelque chose? Riche ou pauvre, personne a-t-il été soulagé par tes secours pécuniaires au peuple et à l'Etat? Non, jamais.

Déjà Démosthène a dit, dans un parallèle plein
d'audace et de dédain :

Tu enseignais les lettres, j'avais des professeurs. Tu
initiais, je me faisais initier. Tu étais scribe, moi orateur.
Tu jouais les troisièmes rôles, je te regardais. Tu tom-
bais sur la scène, je sifflais. Tu as toujours, dans le
gouvernement des affaires, travaillé pour l'ennemi, moi
pour Athènes. Restons-en là ; mais aujourd'hui même,
pourquoi m'examine-t-on ? Pour me décerner une couronne ; mon innocence est reconnue. Tous, au contraire,
te regardent comme un sycophante, et quel est pour toi
l'enjeu de la lutte ? Le droit de continuer ce métier ou
l'obligation de le quitter, si tu n'obtiens pas la cinquième
partie des suffrages.

L'accusé sent qu'il peut tout se permettre ; il en

usé et en abuse. Eschine lui a reproché d'être
l'ennemi des dieux et d'avoir entraîné Athènes
dans son destin funeste. En l'écrasant sous la
comparaison, Démosthène veut donc beaucoup
moins montrer son mérite que son bonheur.
N'y a-t-il pas du reste quelque noblesse dans cette
franchise hautaine ? La vanité de Cicéron avec
ses mille recherches est une coquette ; l'orgueil
de Démosthène est un athlète antique, chaste
dans sa nudité.

Mais la fin du discours approche ; les apostrophes deviennent plus rares, les idées plus
douces et plus calmes : « J'ai toujours aimé ma
patrie, et c'est là pour un homme d'État la qualité maîtresse. Cherchons en toute chose l'intérêt
du peuple, partageons ses amitiés et ses haines.
Sinon, nous aurons beau dénaturer notre pensée
et accumuler des périodes déclamatoires, nous ne
chasserons pas sur la même ancre que lui, et bien
vite notre duplicité sera percée à jour. Ainsi,
tout à l'heure, en rappelant la ruine de la patrie,
Eschine triomphait. Il haussait la voix, sans
émotion, sans larmes. Croyant écraser un rival,
il montrait tout son égoïsme. Vous le connaissez
bien du reste, et ce n'est pas à lui que vous avez

confié l'éloge de vos fils et de vos frères tombés
sur le champ de bataille. »

 « Il a rappelé les illustres citoyens d'autrefois,
espérant m'accabler sous ces grands noms; mais
il n'est pas juste d'opposer les vivants aux morts,
car l'envie qui s'attache à tous les hommes s'apaise
du jour où ils disparaissent. Les Aristide et les
Thémistocle avaient autrefois leurs calomnia-
teurs, qui les attaquaient comme Eschine m'attaque aujourd'hui. Plus équitables, vous compa-
rerez les contemporains entre eux, de même qu'on
rapproche les gens de même métier, les musi-
ciens et les athlètes. Si on fait entrer en lice
Eschine, ses parents et tous les autres, je ne
réfuserai pas la lutte, et je compterai sur la victoire. »

Tant que la république a pu choisir les meilleurs
conseils et que la carrière était ouverte au zèle de tous,
c'est moi qui ai donné les avis les plus sages, c'est par
mes décrets, mes lois, mes ambassades que tout s'est fait.
Vous, vous ne paraissiez nulle part devant ces citoyens,
que pour leur nuire. Quand arriva ce qui n'aurait jamais
dû arriver, et que, dédaignant les conseillers fidèles, on
passa en revue les esclaves soumis au maître, prêts à se
vendre contre la patrie et toujours courbés devant
l'étranger; tu parus au poste, Eschine, avec tous les tiens,
tel qu'un de ces grands personnages pleins de superbe et

qui entretiennent de beaux coursiers ; moi j'étais bien peu sans doute, mais j'avais plus de dévouement que vous pour ces hommes que voici. Athéniens, il est deux choses qu'on doit exiger d'un honnête citoyen : d'abord, quand c'est possible, vouloir fermement la gloire et la prééminence de la république ; puis, en tout temps, en toute occasion, avoir au cœur l'amour de son pays. Ce dernier point dépend de nous ; la puissance et la force ne sont pas entre nos mains. Eh bien ! n'ai-je pas aimé Athènes d'un amour constant, inaltérable ? Voyez plutôt : on a demandé ma tête, on m'a cité devant les Amphictyons ; menaces, poursuites, on a tout essayé sur moi, on a lâché contre moi ces maudits, comme des bêtes féroces ; rien n'a pu ébranler mon dévouement pour vous. Dès le début, j'ai pris en politique la voie droite et juste : défendre les prérogatives, la puissance et la gloire de ma patrie, les porter plus haut encore, et combattre pour elles.

« Aussi je ne suis pas comme les traîtres qui gémissent de nos victoires, triomphent de nos revers, se réjouissent de notre abaissement, et déclarent qu'il durera toujours. »

Dieux puissants, n'écoutez pas ces vœux impies ! Inspirez plutôt à ces hommes un autre esprit et des pensées meilleures ; ou bien, si leur méchanceté est incurable, frappez-les, exterminez-les sur terre et sur mer. Pour nous, délivrez-nous des dangers qui nous menacent, sauvez-nous et protégez-nous à jamais !

Ce beau discours finit comme il a commencé,

par une prière. Entre ces deux invocations, quel
monde d'idées et de sentiments ! Le dévouement
du patriote, l'amertume du moraliste, la duplicité
de l'avocat, l'orgueil du citoyen riche et considéré,
prennent corps et vivent devant nous. Démosthène a mis dans son œuvre toute son âme, tout
son génie et tout son art. Tour à tour puissante,
subtile, passionnée, brillante, émue, ironique,
son éloquence révèle en outre des qualités que
nous ne lui connaissions pas, une sérénité fami-
lière qui touche, une tendresse qui pénètre. Bien
que ce discours soit tout imprégné de sentiments
antiques, il est moderne pourtant, parce qu'il
développe des idées éternelles. Peut-être est-ce
le triste privilège des vaincus ; mais nous sentons
parfois battre en nous le cœur souffrant de Démosthène.

Ctésiphon fut acquitté, et Eschine n'obtint pas
même la cinquième partie des voix. Condamné à
une amende comme plaideur téméraire, il voulut
échapper à sa dette et surtout à sa honte, sortit
de la politique par un exil volontaire, et alla
mourir obscurément à Samos.

Ce fut pour Démosthène le dernier triomphe :
la fortune ne devait avoir désormais pour lui que

d'infidèles retours. Six ans après, il connut aussi les amertumes de l'exil. Que s'était-il passé dans l'intervalle ? nous en sommes réduits aux conjectures. A cette heure trouble et sombre de l'histoire grecque, on devine à moitié les passions des hommes, mais on ignore le détail des faits. Une sorte de décomposition des partis commence dans Athènes. Jadis la lutte contre la Macédoine les groupait en deux camps ; aujourd'hui, sur la place publique, où les orateurs deviennent de jour en jour plus grossiers, il semble que ce soit seulement le caprice qui règne. On peut voir ce fait surprenant : Démosthène allié de Phocion, accusé en même temps que Démade, et condamné sur un réquisitoire d'Hypéride. Cet ancien lieutenant du parti antimacédonien passe peu à peu du second rang au premier, et supplante son maître, dont la prudence paraît aux exaltés faiblesse ou trahison. De là, entre les deux amis, une froideur croissante, puis une rupture, où peut-être la jalousie et les rancunes personnelles ont joué quelque rôle. On raconte que, depuis déjà assez longtemps, Hypéride s'exerçait à composer des accusations contre Démosthène et ne le lui cachait pas. Le grand orateur, abandonné des siens, ne pouvait compter sur les partisans de la Macédoine. Sa situation, de plus en plus critique, était à la merci du moindre incident. Il s'en produisit un, et des plus graves.

Harpale, gouverneur de Babylone et familier d'Alexandre, avait dilapidé les fonds qu'il gardait en dépôt. Il croyait le roi perdu dans les déserts de l'Asie. Le voyant reparaître, il prit peur et appareilla vers Athènes avec six mille mercenaires et cinq mille talents. Sur la proposition de Démosthène et de Phocion, le peuple lui ferma le Pirée. Il renvoya alors ses troupes et obtint d'être admis dans la ville comme suppliant. Son or lui gagna des amis ; et les Athéniens songèrent peut-être un instant à le soutenir. Mais, alarmés par les réclamations de la Macédoine, ils allaient le livrer sans scrupule, quand Démosthène intervint une seconde fois avec l'aide de Phocion. On le chargea d'exécuter ce qu'il avait proposé : il se saisit d'Harpale, lui fit déclarer la valeur de ses trésors, et surveilla le transport de l'argent sur l'Acropole. Peu après le prisonnier prit la fuite, et l'inventaire des sommes séquestrées accusa un énorme déficit.

Qui fallait-il en rendre responsable ? Les soup-

L'Acropole, restaurée, d'après une ancienne gravure.

çons se portaient naturellement sur l'homme qui dès le début avait pris l'affaire en main. Il marcha droit au péril et provoqua une enquête extraordinaire de l'Aréopage. Mais, dans cet embarras de son honneur, ses efforts même resserraient les nœuds qu'il voulait rompre. L'opinion d'ailleurs était affolée. Alexandre venait coup sur coup de demander qu'on l'adorât, et d'imposer aux villes helléniques le rappel de leurs bannis, c'est-à-dire des mauvais citoyens et des traîtres. Démosthène espéra regagner la faveur des Athéniens en défendant leurs intérêts, et se fit envoyer à Olympie pour y conférer avec le général macédonien Nicanor. Mais il ne put réussir ; vingt mille exilés applaudirent la proclamation du rescrit qui les ramenait dans leurs foyers. Alexandre était le maître ; il fut dieu puisqu'il le voulait. Démosthène, d'abord indigné de ses prétentions, eut le courage de se ranger à l'avis de Démade, irritant ainsi tour à tour les deux partis. Après six mois d'hésitations, les *aréopagites* le déclarèrent coupable, sans en donner du reste aucune preuve ; et les *héliastes* le condamnèrent à une amende de cinquante talents. Jeté en prison comme débiteur insolvable, il parvint bientôt à s'évader et partit pour l'exil.

Il n'alla pas plus loin que Trézène. Mais vivre hors d'Athènes, quelle douleur et quel déchirement ! Plutarque nous le peint errant près de la mer, les yeux pleins de larmes et fixés sur les montagnes de la patrie. Lorsqu'un jeune homme venait lui demander des conseils, il le détournait de la vie politique : « Ah ! que n'ai-je prévu les maux qui m'attendaient ! j'aurais préféré le chemin du trépas à celui de la tribune. »

Mais dans un si ferme esprit, le découragement devait s'évanouir à la première lueur d'espérance. Alexandre mourut ; désormais, son empire était, suivant le mot de Démade, comme *le Cyclope aveuglé par Ulysse*. Cette création fragile de la conquête, sortie des mains d'un seul homme, semblait devoir périr en même temps que lui. Athènes, malgré les efforts de Phocion, se décida à combattre ; et Hypéride avec quelques amis alla en Grèce lui chercher des alliances. Démosthène oublia ses rancunes pour se joindre à lui ; et nous le voyons en Arcadie, retrouvant sa verve et sa passion d'autrefois. Cette conduite lui ramena toutes les sympathies. Un an après sa fuite, la république le rappela, et une trirème vint le conduire au Pirée. Il fut reçu dans les bras du peuple ; une foule immense, les prêtres, les magistrats l'accompagnèrent jusqu'à sa maison : de tels moments paient bien des souffrances. Peu après, chargé de parer pour une fête l'autel de Jupiter Sauveur, il reçut comme indemnité le montant de son amende.

Pourtant le grand orateur, qui avait alors soixante-deux ans, commençait à n'être plus qu'un ancêtre. Ses auditeurs d'autrefois, vieillis comme lui, cédaient la place à une génération nouvelle. Il ne s'agissait plus d'ailleurs de parler. Le dernier champion de la liberté grecque n'a pas été Démosthène, ni même Hypéride, mais un vaillant général, Léosthène, qui *se donna à sa patrie et donna sa patrie à l'Hellade*. Arrêté par la mort au milieu de ses victoires, il n'eut que des successeurs indignes de lui, qui finirent par succomber. Dans cette guerre, la cavalerie thessalienne, l'infanterie des Étoliens avaient marché avec Athènes. Seize ans après Chéronée, le ciel politique a changé ; l'Hellade antique n'est plus que la Grèce macédonienne.

Démosthène eut le triste honneur d'être réclamé par la vengeance des ennemis. Philippe avait respecté ses adversaires, Alexandre les proscrivit, Antipater les assassina. On entre dans un âge de fer, de plus en plus barbare et dédaigneux de l'éloquence. Ainsi, à la fin de la République Romaine, les orateurs tiennent quelque temps tête aux généraux, et on voit passer leurs toges blanches au milieu des casques et des cuirasses. Mais bientôt un triumvir les condamne et un centurion les égorge. Alors, comme dit Lucain, périt jusqu'à l'ombre de la liberté.

Plutarque a raconté avec une simplicité qui touche à la grandeur les derniers moments de Démosthène. Hypéride est déjà mort dans les tortures; et Antipater, devançant la cruauté de Fulvie et d'Antoine, a fait arracher par le bourreau cette langue éloquente, qui ne sut pas toujours se contenir, mais qui ne se tut jamais pour la défense de son pays. Démosthène, réfugié dans le temple de Neptune à Calaurie, est poursuivi par Archias, ancien acteur, devenu chasseur d'exilés. La religion interdit d'arracher un suppliant à l'autel du dieu, mais qu'importe ? Ayant en vain essayé de la persuasion, le Macédonien va recourir à la force, lorsque le fugitif se décide à mourir.

Il entra dans l'intérieur du temple ; et prenant ses tablettes comme pour écrire, il porta le poinçon à sa bouche et le mordit, ce qu'il faisait ordinairement quand il méditait ou composait quelque discours ; après l'y avoir tenu quelque temps, il se couvrit de sa robe et pencha la tête. Les soldats qui se tenaient à la porte le raillaient de craindre ainsi la mort, et le traitaient de lâche et de mou. Archias, s'étant approché de lui, l'engageait à se lever ; et lui répétant ses mêmes propos, il lui promettait de le réconcilier avec Antipater. Démosthène, qui sentait que le poison avait produit tout son effet, se découvrit, et fixant ses regards sur Archias : « Tu peux maintenant, lui dit-il, jouer le rôle de Créon dans la tragédie, et faire jeter ce corps où tu voudras sans lui accorder les honneurs de la sépulture. O Neptune ! ajouta-t-il, je sors encore vivant de ton temple, mais Antipater et les Macédoniens ne l'auront pas moins souillé de ma mort. » Il finissait à peine ces mots qu'il se sentit trembler et chanceler, il demanda qu'on le soutînt pour marcher ; et comme il passait devant l'autel du dieu, il tomba et mourut en poussant un profond soupir.

Quarante ans plus tard, les Athéniens lui élevèrent une statue de bronze avec cette inscription : « O Démosthène, si ton pouvoir eût égalé ton éloquence, la Grèce n'aurait jamais été soumise au Mars macédonien » Déjà Antipater avait fait à sa victime la plus belle des oraisons funèbres : il avait mutilé la constitution démocratique, occupé la ville, supprimé les tribunaux populaires, privé de leurs droits ou déporté les deux tiers des citoyens. Ces exilés font cortège à Démosthène ; la république est morte avec lui.

## CONCLUSION.

La galerie du Vatican possède une statue de
Démosthène qui paraît authentique. Debout, il
tient un papyrus, l'air méditatif et chagrin. Le
front très haut, très large, un peu dégarni, est ridé
moins par l'âge que par l'étude et la souffrance.
Figure sèche, joues creuses, œil profondément
enfoncé sous l'arcade des sourcils, nez mince et
long, lèvres fines et serrées. Celle d'en bas adhère
à la gencive, signe caractéristique d'une prononciation embarrassée. Le tout exprime l'intelligence, l'énergie, et, s'il faut le dire, un caractère
difficile.

Complétons ce portrait par les renseignements
des contemporains. La poitrine est étroite, et le
corps grêle sous un riche manteau. Cette mai-
greur nerveuse explique *l'homme-femme*, comme
l'a appelé un jour Eschine, ses enthousiasmes et
ses frayeurs à la tribune, ses défaillances devant
une épée. Dirons-nous qu'il était lâche? Un lâche

ne meurt pas à la façon d'Annibal, sans regret ni plainte, avec un dernier sarcasme pour ses bourreaux. Cette attitude défendra toujours Démosthène devant l'histoire.

Sa qualité maîtresse est au contraire la force d'âme. Dans une époque de relâchement, où tout invitait à l'abandon, presque seul il sut vouloir et lutter. La vigueur semble chez lui avoir tué la tendresse. Il ne s'est épanché qu'une fois, en défendant Ctésiphon. Une fois seulement il parle de sa mère, jamais de sa femme et de sa fille. Quand il la perdit, on voudrait voir dans ses yeux un peu de ces larmes que Cicéron versait sur sa chère Tullia. Les Grecs, grands donneurs de sobriquets, l'avaient surnommé *Argas*, le serpent. Mêlé toute sa vie aux autres hommes, il n'eut pas le don de la familiarité et resta solitaire. Une passion jalouse étendit son ombre sur cette âme et n'y laissa rien fleurir. Démosthène est plein de sa patrie, comme le prophète de son dieu. La haine qu'il a pour Philippe, ses colères contre les traîtres, sa sympathie pour Hypéride et Lycurgue, tous ces sentiments ne sont que du patriotisme.

N'allons pourtant pas faire de lui un Cincinnatus de la tribune ; il était sobre, et on l'en a

Démosthène, statue du Vatican.

souvent raillé, mais il aimait la vie large et même
luxueuse. Sans doute il connut l'amour libre, et
ses ennemis lui reprochaient ses litières, et la
finesse de ses vêtements. L'accusation de vénalité est autrement grave. A-t-il été vénal ? Sa
mémoire, nul ne le conteste, restera moins pure
que celle de Lycurgue et de Phocion : « J'achè-
terais Démosthène, disait Philippe, si je voulais. »
Cependant il est certain que jamais la Macédoine
ne réussit à gagner les voix de Démosthène et
d'Hypéride. Mais ces grands citoyens, qui donnaient à l'État leur temps et leur éloquence, sans
en attendre autre chose que de l'autorité, avaient
besoin d'argent pour vivre, et surtout pour
combattre avec succès. Dans cette foire aux consciences, l'intégrité absolue était presque fatalement
condamnée aux rôles secondaires, et médio-
crement utile à la patrie. Lycurgue et Phocion en
sont la preuve, et Démosthène l'a compris. Sa
fortune personnelle, diminuée, ainsi qu'on l'a vu,
et le produit de ses plaidoiries, ne pouvaient lui
suffire. Il dut, on le devine, comme la plupart de
ses contemporains, puiser dans la caisse des princes
et des villes dont il soutenait les intérêts. De là
des calomnies et des attaques mal fondées, mais

inquiétantes, parce qu'on y sent une part de vérité. Plutarque, ce curieux sans critique, s'en est fait le complaisant écho ; mais il ajoute qu'entre tous les orateurs de son temps, Démosthène fut le plus honnête après Phocion. Etre rapproché de Phocion, cela honore.

Cet homme qui ne connut jamais la bassesse fut un grand esprit, élevé, mais nullement chimérique, et même assez peu spéculatif. Les jardins d'Armide du Platonisme ne purent le retenir ; et fuyant ces rêves charmants, il retourna bien vite à la saine âpreté de Thucydide. Son éloquence, nourrie d'idées générales, n'en prend que ce qui sert à la cause. Ne nous trompons pas à ce front pensif, à cette main qui laisse presque échapper le papyrus : Démosthène était né pour l'action ; et il faut chercher en lui non pas un philosophe, mais ce qu'il a voulu être, un politique et un orateur.

L'orateur n'a jamais trouvé qu'un seul rival, Cicéron (1) ; ce généreux émule l'admirait sans jalousie. « Le plus long de ses discours, disait-il, est le plus beau. » Qu'on lise ses *Harangues* devant

(1.) Lire dans la même collection *Cicéron*, par M. Pellisson, inspecteur d'Académie.

une assemblée moderne ; et, dans un sujet si loin de nous, cette fermeté virile, cette concision pleine de choses, saisiront encore tous les esprits. Une telle éloquence est immortelle comme la raison ; on croit voir un marbre de Paros solide et serré. Mais ce marbre est vivant ; la passion l'anime, vigoureuse et logique, et nullement théâtrale à la façon des Romains. Une imagination audacieuse complète le chef-d'œuvre et le pare d'éclatantes couleurs. Pourtant la muse n'a pas souri au berceau de l'orphelin : il n'a ni l'esprit fin d'Hypéride, ni la verve éblouissante de Démade, ni la souplesse d'Eschine, qui aime à se jouer autour des cœurs. Démosthène en sait le chemin, il y pénètre et y laisse l'aiguillon.

On s'étonnait que l'assemblée du *Pnyx* supportât les violences de ce barbare, qui n'a d'attique dans le pays de l'atticisme que la justesse sobre et la netteté du trait. C'est qu'au milieu de ses emportements il restait toujours maître de sa parole. Orateur inspiré, rhéteur sans rival, il sait caresser l'oreille par l'harmonie et le rhythme des périodes, persuader par des arguments bien choisis et savamment distribués. Mêlant la flatterie au reproche, et calculé jusque dans ses transports,

il enduit de miel les bords de la coupe amère ;
mais, ainsi que l'a très bien vu Fénelon, cet art si
parfait se dissimule. Cicéron se mire dans ses discours comme Narcisse dans sa fontaine. Si Démosthène ne dédaigne pas les applaudissements, il
veut avant tout être obéi dans sa politique.

Que vaut-elle, cette politique? Le froid et judi-
cieux Polybe la condamne ; et il ne manque pas
d'historiens pour la juger sévèrement. On admire
l'orateur, qui, trahi de toutes parts et armé de sa
seule parole, a pu pendant quinze ans faire échec
à un adversaire tel que Philippe. Il a bien combattu, dit-on, mais pourquoi combattre ? Les
patriotes étaient voués à la défaite, et leur triomphe n'aurait pu qu'arrêter la marche fatale et
le progrès de l'histoire. Philippe a discipliné
la Grèce ; Alexandre a reculé ses frontières jusqu'aux limites du monde connu. En face d'eux,
Démosthène n'est que le poète de l'honneur national. Il faut l'admirer sans le croire, et l'exiler
en le couronnant de fleurs.

Répondons simplement avec le *Discours pour la
Couronne*. Que devait faire un Athénien voyant sa
patrie menacée ? S'abstenir de lutter parce que le
succès était impossible ? Comment en être sûr ?

La Macédoine ne paraissait pas invincible, et les Grecs avaient repoussé victorieusement le choc de la Perse et de l'Asie tout entière. Phocion, qui ne sut jamais que dire non, désespérait de la patrie ; mais à Salamine aussi, les prophètes de malheur ne manquaient pas : Démosthène a pensé comme Thémistocle. D'ailleurs, c'est pour une république un terrible inconnu que de se livrer à un despote. Après Philippe et Alexandre qui avaient vaincu Athènes, vint Antipater qui l'écrasa de sa lourde main de soldat. Quels qu'aient été les arrêts du destin, jamais un esprit sérieux ne demandera à une nation d'abdiquer au profit d'une autre. Le poète aime à se représenter les peuples comme ces coureurs dont nous parle Lucrèce, et qui se passent le flambeau ; l'historien n'ignore pas que cette course est un combat toujours sanglant et parfois mortel, et que le monde ressemble à ce temple de Némi, où il fallait avoir tué le prêtre pour lui succéder. On s'étonne qu'Athènes ait défendu son bien. Sans doute il est entré de l'égoïsme dans sa résistance, mais n'est-ce pas cet égoïsme même qui lui avait permis de vivre et de grandir ?

Pourquoi d'ailleurs obscurcir une question de

sentiment ? Que la science germanique soit macédonienne d'instinct, je le veux ; mais un Français
doit comprendre les délicatesses et jusqu'aux défaillances de l'âme grecque. Même au quatrième
siècle, cette ville se croyait le centre du monde.
Alors descendit de ses montagnes, avec sa phalange bardée de fer, un prince énigmatique et
cruel, qui précipitait sur les petits États helléniques la force naissante et toute matérielle de
son royaume à demi barbare. Athènes reprit la
lance et le bouclier de Marathon ; elle combattit,
elle succomba : nous n'avons pas le courage de
la blâmer. A supposer que la défaite de Chéronée
ait été un bien pour le monde, et peut-être pour
la Grèce, il est heureux que les patriotes, comme
les preux du moyen âge, n'aient pas voulu mourir sans donner un dernier coup d'épée. Regardez
Carthage et l'Assyrie ; rien d'elles n'a survécu ;
leur tombe est muette. Tant que le sentiment de
la dignité humaine ne sera pas banni du monde,
on se rappellera le cri de Démosthène : « Non,
nous n'avons point failli, j'en jure par les morts
de Marathon et de Salamine ! »

Le temps, qui embellit les ruines, a adouci l'i-
mage d'Athènes pour n'en laisser paraître que les

beaux côtés. Tous les grands esprits de Rome l'ont traitée en aïeule, qui, après une jeunesse passionnée, se montre digne d'un affectueux respect. Pline peut écrire en toute vérité à un de ses amis, avec la gravité et l'urbanité romaine : « Souviens-toi bien que c'est en Grèce que tu vas, et au cœur de la plus pure Grèce... Respecte cette gloire ancienne et cette vieillesse elle-même, qui, vénérable quand elle se rencontre dans les hommes, est tout à fait religieuse et sacrée dans les villes. » C'est cette impression qui restera d'Athènes, et rien ne l'effacera.

Démosthène a eu moins de bonheur. Calomnié de son vivant et condamné à une lutte journalière, il trouve des adversaires jusqu'au delà du tombeau. On en fait le mauvais génie de cette ville qu'il a tant illustrée et tant chérie. Mais laissons parler les Isocrate et les Eschine de notre temps. La voix d'airain leur répond à travers les siècles; et traduit au tribunal de l'histoire, Démosthène gagnera une seconde fois son procès pour la *Couronne*.

# TABLE DES MATIÈRES

# TABLE DES GRAVURES




POITIERS. — TYPOGRAPHIE OUDIN.